Dr. Lukas Rieder (Hrsg.) – Controllers Zukunft

Controllers Zukunft

Auftrag, Verantwortung,
Rollenbild und Selbstverständnis
der Controller

Herausgegeben
von Dr. Lukas Rieder

mit Beiträgen von: Dr. A. Blazek
Prof. Dr. R. Eschenbach
Prof. Dr. P. Horváth
Dr. L. Rieder
Prof. Dr. J. Weber

in Zusammenarbeit mit der
IGC International
Group of Controlling

Verlag Industrielle Organisation, Zürich
Verlag Orell Füssli, Zürich

Die Deutsche Bibliothek - CIP-Einheitsaufnahme

Controllers Zukunft : Auftrag, Verantwortung, Rollenbild und Selbstverständnis der Controller / in Zusammenarbeit mit der IGC, International Group of Controlling. Hrsg. Von Lukas Rieder. Mit Beitr. Von: A. Blazek ... - Zürich : Orell Füssli, 1997

ISBN 3 280 02617 2

Gedruckt auf umweltfreundliches, chlorfrei gebleichtes Papier

Umschlag: Andreas Zollinger, Zürich
Druck und Bindearbeiten:
Freiburger Graphische Betriebe, Freiburg i. Brsg.
Printed in Germany

ISBN 3 280 02617 2

Inhaltsverzeichnis

Vorwort

An der Schwelle zum neuen Jahrtausend fragen sich viele Damen und Herren, die heute den Controllerberuf ausüben, welche Änderungen sich in ihrem Arbeitsfeld nach 2000 ergeben werden, in welcher Form die Controllerfunktion zukünftig bestehen wird und welches das Selbstverständnis der Controller sein wird.
Zwecks Beantwortung dieser und vieler anderer controllerrelevanter Fragen wurde im Januar 1995 die IGC
- International Group of Controlling
- Interessengemeinschaft Controlling
gegründet. Diese Arbeitsgemeinschaft ist eine internationale Kooperation der auf dem Gebiete des Controlling tätigen Institutionen und verfolgt folgende Ziele:

- Profilierung des Berufs- und Rollenbildes des Controllers
- Forum für fachlichen Meinungs- und Gedankenaustausch
- Plattform für die Abstimmung und Weiterentwicklung einer übereinstimmend getragenen Controlling-Konzeption sowie einer einheitlichen Controlling-Terminologie
- Pflege der Schnittstellen zur Wissenschaft und themenverwandten Fachgebieten
- Erhöhung der Markttransparenz und Qualitätssicherung in Bezug auf Controlling-Ausbildungsprogramme
- Definition von Qualitätsstandards für die Aus- und Weiterbildung auf dem Gebiet des Controlling
- Sicherung des Qualitätsstandards für die Mitglieder der IGC, verbunden mit der Vergabe eines Qualitätssiegels
- Erarbeitung der Grundlagen für eine spätere Zertifizierung von Controllern (Damen und Herren).

Die IGC soll weder zu einer vollständigen Standardisierung der Ausbildungsinhalte (alle Anbieter haben den gleichen Lehr- und Stundenplan) führen noch zu einem Verlust an Vielfalt und intellektuellem Wettbewerb (Monopolisierung der Controller-Ausbildung).

Mitglieder der IGC sind den Zielen und Aufgaben entsprechend in erster Linie Institutionen, die sich mit Öffentlichkeitsarbeit, Schulungs- und Trainingsveranstaltungen sowie Forschungsarbeiten um die Stärkung des Controllerberufs und des Controllingverständnisses bemühen. Ende 1996 waren Institutionen aus folgenden Ländern IGC-Mitglieder:
- Deutschland
- Italien
- Oesterreich
- Polen
- Schweiz
- Tschechien
- Ungarn.

Die IGC hat verschiedene umfangreiche Arbeitspakete aufgenommen. Ein erstes und für die Frage nach Controllers Zukunft wesentliches Resultat ist das Controller-Leitbild, das die Mitglieder der IGC im Oktober 1996 definitiv verabschiedet haben (Abbildung 0.1)
Es soll dazu beitragen, dass das Eigenbild der Controller und das Fremdbild, das sich die Führungskräfte über Controller und ihre Arbeit machen, geklärt und allgemeingültig werden.

Ebenfalls im Oktober 1996 fanden die 10. St. Galler Controllertage statt, die jeweils vom CZSG Controller Zentrum St. Gallen organisiert werden. Es lag deshalb nahe, einige Vertreter von IGC-Mitgliedern einzuladen und sie zu bitten, an der Jubiläumstagung ihre Meinung zu Controllers Zukunft darzutun und die Schwerpunkte der Entwicklung auszuleuchten.
Diese Publikation enthält die fünf Vorträge, die anlässlich der Jubiläumstagung gehalten wurden. Sie erklären das Grundverständnis, das zum Controller-Leitbild geführt hat, in vielen Punkten näher. Controller und Führungskräfte finden darin zusätzlich eine Fülle von Ideen zur zukünftigen Gestaltung des Controlling und der Controllerarbeit, die sowohl in kleinen als auch in sehr grossen Unternehmen nutzenbringend umgesetzt werden können.

St. Gallen, Mai 1997 — Der Herausgeber

Controller-Leitbild

Controller leisten begleitenden betriebswirtschaftlichen Service für das Management zur zielorientierten Planung und Steuerung.

Das heisst:

- Controller sorgen für Ergebnis-, Finanz-, Prozess- und Strategietransparenz und tragen somit zu höherer Wirtschaftlichkeit bei.
- Controller koordinieren Teilziele und Teilpläne ganzheitlich und organisieren unternehmensübergreifend zukunftsorientiertes Berichtswesen.
- Controller moderieren den Controlling-Prozess so, dass jeder Entscheidungsträger zielorientiert handeln kann.
- Controller sichern die dazu erforderliche Daten- und Informationsversorgung.
- Controller gestalten und pflegen die Controllingsysteme.

Controller sind die internen betriebswirtschaftlichen Berater aller Entscheidungsträger und wirken als Navigator zur Zielerreichung.

Abb. 0.1: Controller-Leitbild der IGC

Autorenverzeichnis

Blazek, Alfred:
Dr., Trainer an der Controller Akademie in Gauting / München

Eschenbach, Rolf:
Dr., ordentlicher Universitätsprofessor, dipl Ing., Vorstand des Instituts für Unternehmensführung der Wirtschaftsuniversität Wien. Wissenschaftlicher Leiter des Österreichischen Controller-Instituts Wien

Horváth, Péter:
Dr., ordentlicher Universitätsprofessor, Universität Stuttgart, Lehrstuhl Controlling, geschäftsführender Partner der Horváth & Partner GmbH Unternehmensberatung, Stuttgart

Rieder, Lukas, Herausgeber:
Dr., dipl. Controller, Lehrbeauftragter an der Universität St. Gallen für Controlling und Rechnungswesen, Geschäftsführer des CZSG Controller Zentrum St. Gallen, St. Gallen

Weber, Jürgen:
Dr., Professor am Lehrstuhl für Betriebswirtschaftslehre insbesondere Controlling und Logistik, Wissenschaftliche Hochschule für Unternehmensführung (WHU), Otto Beisheim-Hochschule, Vallendar, Gesellschafter der CTcon Consulting und Training im Controlling GmbH, Vallendar

Abbildungsverzeichnis

Controlling als Führungsfunktion – Tendenzen und Kontext

Von Rolf Eschenbach

1. Vorbemerkungen

Das Neben- und Miteinander und leider oft genug auch Gegeneinander von Controllern und Managern ist ein allgegenwärtiges Problem der Praxis, das geklärt werden muss: Im Interesse der effizienten Führung von Unternehmen und aus Gründen der Selbstbehauptung der Controller.

Dieses Neben- und Miteinander von Managern und Controllern auf allen Hierarchieebenen von Unternehmen und anderen Organisationen führt in der Praxis zu mancherlei Ärgernissen. In vielen Fällen sind Aufgaben, Kompetenzen und Verantwortlichkeiten nicht ordentlich voneinander abgegrenzt und deshalb intransparent. Es kommt zu Überschneidungen oder Lücken im Arbeitsprogramm und zur Verunsicherung der Betroffenen und ihrer Mitarbeiter und Kollegen. Im schlimmsten Falle kommt es im sozialen Gefüge des Unternehmens zu Machtkämpfen und Vertrauensverlusten und in deren Gefolge zur Unwirksamkeit des Controlling.

Alle Betriebsgrössenklassen undifferenziert zu sehen reicht nicht zur Entdeckung und Beseitigung von Schwierigkeiten bei der Zusammenarbeit von Controllern und Managern. Eine Unterscheidung zwischen kleinen, mittleren und grossen Unternehmen ist daher angebracht:

Am wenigsten sind die kleinen Unternehmen und grössere Einheiten von Freiberuflern von Problemen beim Zusammenwirken der Funktionen Führung und Controlling betroffen, weil diese im Allgemeinen nicht zwischen Managern und Controllern unterscheiden, d.h. keine Controllerstellen eingerichtet haben, deren Inhaber mit Managern in

Kompetenzstreitigkeiten geraten oder in Einflusssphären- und Machtpositionskämpfe verwickelt werden könnten. Häufiger sind die grossen Unternehmen und Unternehmensgruppen oder die vergleichbaren grossen Organisationen (z.B. NPO, Non Profit Organizations, öffentliche Unternehmen) tangiert. Sie sind jedoch vergleichsweise bürokratisch und straff organisiert und verfügen daher über ausgeprägte Hierarchien, Jobdescriptions und eine lange Tradition und Einübung bei Abgrenzungsritualen und bei der Verhinderung von Grenzüberschreitungen bei Aufgaben und Verantwortlichkeiten und bei der Ausübung von Macht. Sie werden daher mit Unschärfen an den Grenzen zwischen Manager- und Controllerarbeit einigermassen fertig, ohne zu grosse Effizienzeinbussen zu erleiden.

In hohem Masse betroffen ist jedoch die grosse Menge der mittleren bis grossen Unternehmen, die sich auf ihre Flexibilität, die oft genug nichts anderes ist als kostspielige Unfähigkeit zur Organisation, etwas zugute halten. Das sind in unseren Ländern Tausende von Unternehmen, und Tausende von Schicksalen sind betroffen, und zu Lasten der Unternehmen und ihrer stakeholder werden wertvolle Ressourcen dem Überlebenskampf auf dem Markt entzogen und in den innerbetrieblichen Kleinkrieg gesteckt. Und das Dilemma führt nicht selten überdies zu Frustration, innerer Kündigung, Resignation, ja selbst zu allerlei körperlichen Gebrechen. Also Gründe und Rechtfertigung genug, sich mit dem Controlling im Rahmen der Führungsfunktion auseinander zu setzen!

2. Führen durch Ausüben von Managementfunktion und Controllerfunktion

Unternehmensführung heisst, das System Unternehmen zu gestalten und zu Zielen zu lenken. Führen bedeutet in diesem Zusammenhang Ziele festzulegen, die Wege zu den Zielen zu beschreiben und vorzuschreiben und abschliessend die Zielerfüllung zu kontrollieren. Führen ist der Oberbegriff für regeln (Selbstgestaltung, feedback-orientiert, kybernetisch) und steuern (Fremdgestaltung durch Eingriffe von aussen in ein System).

Die Führungsfunktion (Führungstätigkeit) wird von Personen (Managern) oder Gesamtheiten von Personen (dem Management) wahrgenommen. Diese werden bei einigen Führungsteilfunktionen von anderen Experten durch die Wahrnehmung von Führungsfunktionen ergänzt und darüber hinaus durch die Bereitstellung von Führungsdienstleistungen unterstützt. Ohne derartige Ergänzungen (ergänzen = zum Ganzen machen) und Unterstützungen ist Management inkomplett, d.h. unvollständig. Management kann erst mit Hilfe der Ergänzung und Unterstützung seinen Aufgaben der Führung voll gerecht werden.

Die wichtigste managementergänzende und -unterstützende Funktion (vgl. Kreuzer, 1995, S. 47 ff.) heisst Controlling (im engl. Sprachraum: management control). Bei bestimmten Führungsfunktionen ergänzt Controlling das Management durch Führungsleistungen, bei anderen unterstützt es durch Führungsdienstleistungen. Controlling muss instrumentell, personell und organisatorisch so ausgestaltet sein, dass es diese Aufgaben wirksam wahrnehmen kann. Controlling ohne fachgerechte instrumentelle, personelle und institutionelle Ausstattung setzt sich dem Verdacht aus, eine blosse Alibifunktion zu bilden und vom Management gar nicht wirklich erwünscht zu sein. Management kann ohne Ergänzung und Unterstützung durch Controller nicht voll wirksam werden. Damit stellt sich Controlling als Teil des Führungssystems dar. Ein Unternehmen, das versäumt, Management durch Controlling zu ergänzen und zu unterstützen, schöpft seine Potenziale nicht vollständig aus. Es muss sich den Vorwurf eines schweren Führungsfehlers durch Unterlassung gefallen lassen.

Das Führungssystem des Unternehmens besteht demnach aus drei Teilsystemen (vgl. Abbildung 1.1) Führung im Managementsystem, Führungsleistung und Führungsdienstleistung im Controllingsystem.

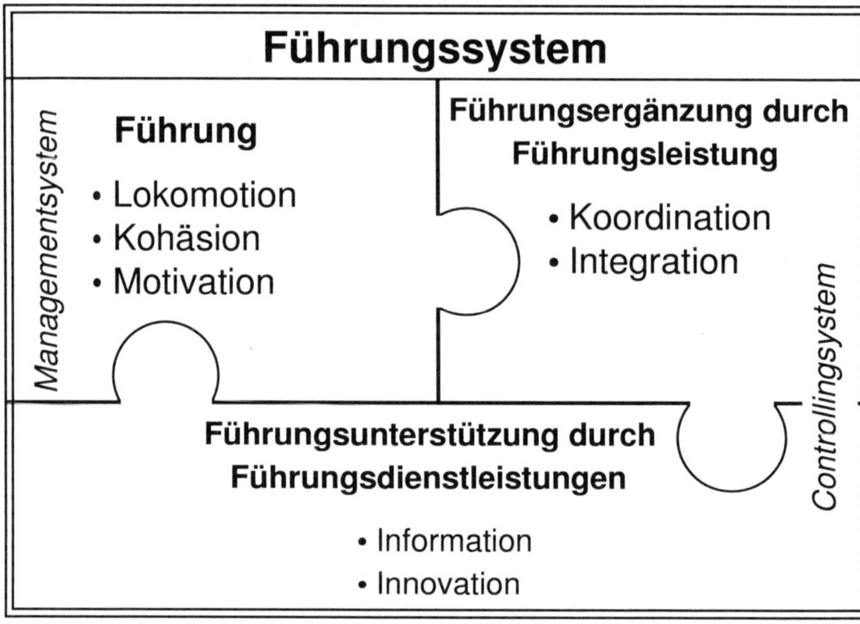

Abb. 1.1: Aufgabenfelder des Managers und des Controllers

3. Führungsfunktionen des Managements und ihr Ergänzungs- und Unterstützungsbedarf

Eine Funktion ist eine Teilaufgabe im System Unternehmen zur Erreichung der Unternehmensziele und damit ein Bestandteil des Führungssystems des Unternehmens (oder einer anderen Organisation). Dabei hat „Führen" einen humanen und einen sachlichen Aspekt (vgl. Bleicher, 1993, Sp. 1272). Manager erfüllen einen wichtigen Teil ihrer Aufgabe, indem sie führen (ihre Führungsfunktion erfüllen). Dazu gehört auch, dass sie für Existenz und Wirkung von Controlling sorgen und dass im gesamten Unternehmen controllerisches Bewusstsein herrscht, das heisst die Überzeugung, dass das Unternehmen (die Organisation) mit Controlling erfolgreicher geführt werden kann als ohne Controlling. Stakeholder, wie z.B. Aufsichtsrat, Gesellschafter, Inhaber, haben sich ebenfalls um controllerisches Bewusstsein zu bemühen, dieses vorzuleben und sich den betrieblichen Regeln der Controller zu unterwerfen. Das bedeutet, Controlling wollen und nicht nur dulden. Im Einzelnen übt das Management seine nicht delegierbaren Führungsaufgabe aus durch:

- Lokomotion,
- Kohäsion und
- Motivation

Die Gesamtheit aller Aktionen, die sich als Bildung, Durchsetzung und Sicherung eines Führungswillens darstellt, bezeichnet Bleicher als die Führungsaufgabe der Lokomotion (vgl. Bleicher, 1993, Sp. 1276). Sie ist sachrational bestimmt. Lokomotion ist aktionsorientiert und hat Fortschritt zum Ziel (das fortschrittsfähige Unternehmen).

Motivation und Kohäsion gehören zu den sozio-emotionalen Aufgaben der Führung (vgl. Bleicher, 1993, Sp. 1276). Die Aufgabe der Motivation erfüllt das Management, indem es dafür sorgt, dass Mitarbeiter in Sozialisierungsprozessen erlernen, Verhalten und Handeln an betrieblichen Zielen zu orientieren. Für Kohäsion sorgt das Management, indem es sicherstellt, dass die Teilsysteme des Unternehmens (Arbeitsgruppen, Abteilungen, Divisions, Tochtergesellschaften und dergleichen) zusammenhalten und auf diese Weise Synergien und übergeordnete Ziele sichern.

3.1 Bedarf an Führungsergänzung durch Führungsleistungen des Controlling

Die Praxis zeigt, dass Manager zur Durchsetzung ihrer Lokomotions-, Motivations- und Kohäsionsziele Bedarf an Führungshilfe haben. Dieser Bedarf betrifft in erster Linie systembildende und systemkoppelnde Koordination. Unternehmen sind zwar bestrebt, ein auf bestimmte Ziele abgestimmtes rationales Handeln zu erreichen. Vielfach fehlt aber ein einheitliches Ziel, weil die Komplexität der Systembeziehungen die beschränkte Fähigkeit des Managements, rational zu handeln, überfordert. Koordination bedingt in diesem Fall dezentrale Problemlösung und Entscheidungsfindung. Koordination hat in diesem Sinne die dezentrale Gestaltung der Planung und Kontrolle zum Ziel. Gesucht sind Lenkungsmechanismen der Planung und Kontrolle in kybernetischen Regelkreisen des Systems Unternehmen.

Dezentralisierung dient der Nutzung dezentraler Intelligenz und Umsetzung im Unternehmen. Bürokratisierte, zentrale Organisationen neigen dazu, die in ihren Teilen vorhandene Intelligenz und Tatkraft durch Spezialisierung, Bereichsegoismus, langwierige Entscheidungsprozesse, Marktferne, selektive Wahrnehmung und hierarchische Filter zu verspielen. Damit werden oft Informationsreichtum, Innovationsfähigkeit und spezifisches Problemlösungspotenzial vernichtet (vgl. Eschenbach, 1996, S. 71 ff). Unternehmen beugen dem Verlust solcher Stärken durch Dezentralisierung vor. Dezentralisierung ist z.Z. ein allgemeiner gesellschaftlicher Trend, dem sich Unternehmen nicht entziehen können und nicht entziehen sollten.

Das Management hat also dafür Sorge zu tragen, dass dezentrale Intelligenz und Tatkraft nicht vernichtet, sondern unterstützt werden. Dazu ist ein hohes Mass an Entscheidungsfähigkeit und Entscheidungswillen in dezentralen Einheiten erforderlich. Ausserdem sind die Kommunikationsbeziehungen im Unternehmen so zu gestalten, dass das dezentrale Potenzial des Unternehmens optimal eingesetzt werden kann, dass aber auch andererseits Synergien durch abgestimmtes Verhalten und durch gegenseitige Informations- und Beistandspflichten genutzt werden. Die Atomisierung des Unternehmens muss trotz Dezentralisationsbemühungen verhindert werden.

Die Aufgabe des Führungssystems ist es, dafür zu sorgen, dass das Unternehmen trotz Störungen aus dem Umfeld des Unternehmens und aus dem Unternehmen selbst Unternehmensziele erreicht. Die innere Struktur des Unternehmens muss mit den Ansprüchen der stakeholder abgestimmt werden. Link (vgl. Link, 1989, S. 5) spricht in diesem Zusammenhang von der Notwendigkeit der Aufrechterhaltung eines „Fliessgleichgewichtes" zwischen dem Unternehmen und seinem Umfeld. Fliessgleichgewicht bedeutet, dass das Management in der Lage ist, trotz Beeinflussung und Veränderung das Unternehmen als System im Umsystem lebensfähig zu erhalten.

Im Einzelnen (vgl. Link, 1989, S. 6) geht es dabei um finanzwirtschaftliches, güterwirtschaftliches, personalwirtschaftliches und informationswirtschaftliches Gleichgewicht. Diese Gleichgewichte werden durch die in Unternehmen und ihrem Umfeld herrschende Komplexität bedroht, deren Ursache einerseits die Umfelddynamik (vgl. Eschenbach, 1996, S. 8–23 ff.) und andererseits die aktive wie reaktive Flexibilität innerhalb der Unternehmen ist.

Diese Situation bedeutet für die Unternehmensführung den Zwang zur Harmonisation des Systems Unternehmen (vgl. Bleicher, 1993, Sp. 1277). Konkret gestaltet dabei die externe Harmonisation die Beziehungen zwischen dem Unternehmen und seinem Umfeld, die interne die Beziehungen zwischen den einzelnen Subsystemen des Unternehmens. Integration (Ex-Ante-Harmonisation) und Koordination (Ex-Post-Harmonisation) sind die Mittel, diese Aufgabe zu erfüllen.

Integration und Koordination bezeichnet Bleicher als originäre Aufgaben der Führung (vgl. Bleicher, 1993, Sp. 1276). Sie bedürfen eines spezifischen Instrumentariums und werden daher in der Praxis mindestens teilweise an dafür geschaffene Spezialisten - die wir Controller nennen - delegiert (vgl. Niedermayr, 1994, S. 351 ff.).

Die Konsequenz für Controlling heisst, dass es im Rahmen seiner Koordinationsfunktion die dezentrale Intelligenz der Unternehmensteile zu unterstützen hat und nicht gegen diese gerichtet sein darf im Versuch, ein Superkoordinationsinstrument zu werden. Controller haben die Kommunikationsbeziehungen so zu gestalten, dass eine optimale Kombination aus Verknüpfung und Vernetzung der Teile entsteht, wobei die organisatorischen Voraussetzungen besondere Bedeutung haben. Die dezentralen Einheiten (Divisionen, Sparten, funktionale Subsysteme) müssen über ein hohes Mass an Autonomie, Freiheit und Entscheidungskompetenz und komplementär dazu über eine systemimmanente Verpflichtung für das Ganze verfügen. Das Ganze bürgt wiederum für den Einsatz der Intelligenz und der Potenziale der Teile. Unter der qualitativen Koordination autonomer Teile ist zu verstehen, dass Controlling die notwendigen Voraussetzungen für Selbstkoordination dezentraler Einheiten zu schaffen hat.

Aus systemisch-evolutionärer Sicht bedingt Koordination dezentrale Problemlösung und Entscheidungsfindung. Basis von controllingorientierter Koordination ist deshalb die dezentrale Gestaltung von Planung und Kontrolle: ein Lenkungsmodell, das Planung und Kontrolle als gleichbedeutende Bestandteile in kybernetischen Regelkreisen sieht.

Die systembildende Aufgabe des Controlling ist es, Koordinationsvoraussetzungen im Führungssystem zu schaffen. Sie umfasst:

- Entwicklung der einzelnen Führungsteilsysteme,
- Aufbau von Gebilde- und Prozessstrukturen,
- Koordinationsgerechte Gestaltung und Ausrichtung beider Bereiche.

Systembildende Koordination findet daher sowohl in den einzelnen Führungsteilsystemen als auch zwischen diesen statt. Die systembildende Koordinationsfunktion des Controlling lässt sich nur näher beschreiben, wenn die einzelnen Führungsteilsysteme definiert werden. Es gibt fünf Teilsysteme: Wertesystem, Planungs- und Kontrollsystem, Informationsversorgungssystem, Organisationssystem und Personalführungssystem (vgl. Niedermayr, 1993, S. 76 ff.).

Systemkoppelnde Koordination

Art und Umfang der systemkoppelnden Funktion hängen davon ab, in welchem Umfang Koordinationsprobleme bereits durch systembildende Koordination gelöst wurden beziehungsweise welches Mass an Flexibilität von der bestehenden Systemstruktur verlangt wird.

Man kann Systeme a priori nicht völlig und eindeutig durch Systembildung beschreiben, daher sollte systeminternes Problemlösungspotenzial in Form der systemkoppelnden Koordination vorhanden sein, um den konkreten Koordinationsbedarf innerhalb des gesamten Führungssystems zu befriedigen. Der Ad-hoc-Koordinationsbedarf kann innerhalb eines Führungsteilsystems auftreten (z.B. innerhalb des Planungssystems), aber auch zwischen den einzelnen Führungsteilsystemen. Ziel der systemkoppelnden Koordination ist sowohl die optimale Ausrichtung der einzelnen Teilsysteme als auch die Vermeidung von

Ineffizienzen in der Abstimmung an den Schnittstellen der Führungsteilsysteme.

Beispiele für systemkoppelnde Koordination sind der Einsatz von Verrechnungspreissystemen oder die Budgetierung. Genau genommen handelt es sich dabei um Systemkopplung innerhalb des Planungssystems. Insbesondere die Budgetierung hat sich zum festen Aufgabenbestandteil des Controlling entwickelt. Die Vereinbarung von Budgets für alle Bereiche und Ebenen im Unternehmen gilt übereinstimmend als das wirkungsvollste Mittel, Entscheidungsträger zu zielkonformem Verhalten zu bewegen, vielleicht deshalb, weil Budgetierung den Zwang zur Koordination und wechselseitigen Information in sich trägt. Die Durchführung der Budgetierung ist in der Regel ein ebenso komplexer wie zeitaufwendiger Prozess, aus dem zusätzlicher Bedarf an koordinierenden, integrierenden und kommunikativen Tätigkeiten entsteht, der vom Controlling befriedigt werden muss. Die Gestaltung des Budgetierungsprozesses und des Budgetvollzuges ist ein besonders wichtiger Teil des führungsergänzenden Controlling.

Vertreter der koordinationsorientierten Controllingkonzeption versuchen vielfach, Koordination als originäre und einzige begründende Funktion des Controllerdienstes darzustellen. Aufgabenbereiche im Rahmen der Planung, Kontrolle oder Informationsversorgung werden nur als Voraussetzung für ein funktionierendes Controllingsystem gesehen. Diese speziell von Weber (vgl Weber, 1995, S. 35 ff., S. 50) vertretene Auffassung kann nur insofern geteilt werden, als sich aus der Koordinationsproblematik eine eigenständige, klar abgrenzbare Zwecksetzung des Controlling ableiten lässt.

Die Ausführungen zu den Führungsleistungen und -dienstleistungen der Controller lassen erkennen, dass es nicht sinnvoll ist, alle an das Controlling herangetragenen Probleme einzig unter dem Aspekt der Koordination zu betrachten. Gleichwertige Controllingaufgabenfelder sind die Informations- und Beratungsleistungen sowie die Innovationsfunktion.

3.2 Bedarf an Führungsunterstützung durch Führungsdienstleistungen des Controlling

Information ist die Grundlage des Führungssystems und damit eine Voraussetzung für Führung. Daher ist die Gestaltung und der Betrieb eines Informationssystems eine wesentliche führungsunterstützende Aufgabe des Controlling. Im Rahmen der Informationsfunktion haben Controller die Aufgabe, den Informationsbedarf zu ermitteln, Informationen zu beschaffen, bereit zu halten, aufzubereiten und an die richtigen Informationsempfänger rechtzeitig weiterzuleiten. Controlling hat Ergebnistransparenzverantwortung, im Gegensatz zur Ergebnisverantwortung des Managements. Ergebnistransparenzverantwortung ist die Folge einer originären Controlleraufgabe und Grundlage einer „redlichen Berichterstattung".

Das Instrument der Informationsfunktion im Rahmen des Controlling ist das Berichtswesen. Das Berichtswesen eines Unternehmens umfasst alle offiziellen, materiell und formell bestimmten Informationen, die den Verantwortlichen zur Aufgabenerfüllung zur Verfügung gestellt werden.

Unternehmen sind in einem sich rasch ändernden Umfeld ständigem Anpassungsdruck ausgesetzt. Dadurch bestimmen Entscheidungsbereitschaft und Entscheidungsfähigkeit des Managements die Wettbewerbsfähigkeit des Unternehmens entscheidend mit. Grundlage für die Führung eines Unternehmens bildet die Versorgung von Führungskräften mit aktuellen und qualitativ hochwertigen Umfeldinformationen sowie die systematische und vollständige Informationsversorgung über die eigenen unternehmerischen Aktivitäten (vgl. Böhm und Müller, 1996, S. 502 f.).

Controlling hat dem Management nicht nur Informationen anzubieten, sondern auch darauf hin zu wirken, dass auf Grund der Informationen Entscheidungen gefällt und Massnahmen umgesetzt werden. Die Innovationsfunktion ist eine auf Information aufbauende Unterstützungsleistung des Controlling. Controlling übernimmt in diesem Fall keine Führungsaufgabe, sondern sorgen dafür, dass das Management rechtzeitig und angemessen innovative Führungsentscheidungen fällt (vgl. Kreuzer, 1995,

S. 53 f.). Controlling schafft durch Führungsdienstleistungen „Sachzwang" sowie Entscheidungs- und Handlungsdruck. Im Extremfall ist das Management nicht gezwungen, den Empfehlungen des Controlling zu folgen.

4. Durchlässige Grenzen

Die Grenzen zwischen Management und Controlling im Führungssystem des Unternehmens sind in beiden Richtungen permeabel, nicht undurchlässig und nicht starr. Diese Tatsache sichert zwar die Anpassungsfähigkeit des Führungssystems an neue inner- und ausserbetriebliche Bedingungen. Andererseits sind solche Änderungen auch eine permanente Ursache von Aufgaben- und Verantwortungsveränderungen bei den betroffenen Managern und Controllern und der Grund für die eingangs erwähnten Missstände im Beziehungsgeflecht von Führungskräften.

Auch die heute controllerisch fortschrittlichsten Unternehmen unterliegen dem Zwang, sich ständig anpassen und weiterentwickeln zu müssen, um ihren Wettbewerbsvorsprung zu erhalten. Solange sich das unternehmensinterne und -externe Controllingumfeld ändert, solange ist auch die Entwicklung des Controlling selbst nicht abgeschlossen. Der Grund ist die führungsergänzende und führungsunterstützende Funktion des Controlling, das sein Systemumfeld zwar beeinflusst, aber auch in hohem Mass von ihm beeinflusst wird.

Die Grenzziehung zwischen Management und Controllern war noch nie sehr exakt, sie ist variabel und personengebunden, auch wenn Aufgaben-/Funktionskataloge und Organigramme die Illusion exakter und personenunabhängiger Abgrenzungen signalisieren. Es mehren sich die Zeichen, dass sich die Grenze zwischen Controlling- und Managementfunktion einerseits zu Gunsten des Controlling verschiebt. Die Bedeutung des Controlling im Führungssystem wird grösser, weil der Bedarf – insbesondere an Koordinations- und Integrationsleistungen – weiter steigt. Dafür ist in erster Linie die fortschreitende Dezentralisierung der Unternehmen und Unternehmensgruppen bei gleichzeitigem Wachstum der Unternehmen verantwortlich.

Diese Tendenz schlägt sich auch im Tätigkeitsfeld des Controllers nieder. Es bildet sich der unternehmerische Controller heraus, der zunehmend Führungsaufgaben selbst übernimmt (zu übernehmen gezwungen ist). Ursache einer solchen Entwicklung können auch entscheidungsschwache und risikoscheue Manager sein, die Führungsentscheidungen formell, meist jedoch informell auf Controller „abschieben".

Andererseits lernen Manager immer besser, Controllinginstrumente zu handhaben, üben Controlling aus (Self-Controlling), und es entsteht der Typ des controllerischen Managers oder Unternehmers. Die beiden gegenläufigen Trends machen deutlich, dass die Aufgabenfelder von Controllern und Managern stärker ineinander fliessen, als es den klassischen Rollenbildern entspricht.

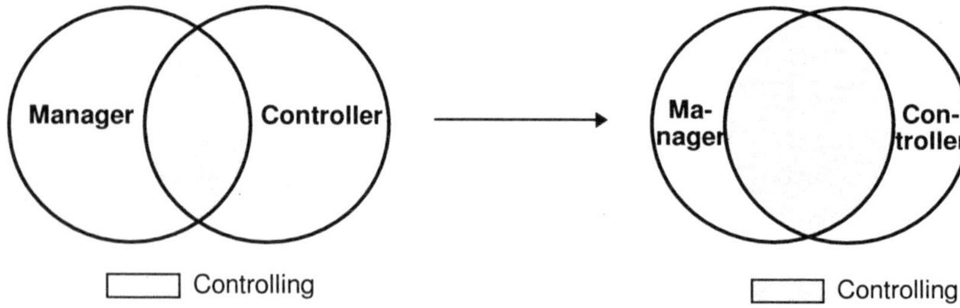

Abb. 1.2: Tätigkeitsfelder des Managers und Controllers

In den Unternehmen werden die Grenzen zwischen den beiden Führungspositionen durchlässig, was folgende Beispiele für das Durchlöchern früherer „eiserner Vorhänge" zeigen: Controller wechseln in Managementpositionen, und Manager üben zeitweise die Aufgaben eines Controllers aus. In manchen Unternehmen ist die Controllerabteilung der Pool für Führungsnachwuchskräfte: Linienmanager müssen in ihrer Laufbahn einige Zeit im Controlling gearbeitet haben. Chefcontroller übernehmen in einer Unternehmensgruppe in besonderen Fällen zusätzlich zu ihren Aufgaben zeitweise die Geschäftsführung

in einer kleineren Tochtergesellschaft (z.B. zur Sanierung oder zur Integration eines akquirierten Unternehmens).
Controlling wird in seinen vielfältigen Ausprägungen unterschiedlich rasch und intensiv aufgebaut. Zu unterscheiden sind dabei:

- Konzeption,
- Institution,
- Instrumentarium.

Vereinfacht können drei Ausbaustufen der Controllingkonzeption genannt werden:

- Rechnungswesenorientierte Konzeption,
- Informationsorientierte Konzeption,
- Führungssystembezogene Konzeption.

Von Stufe zu Stufe wechseln Chancen und Risiken für die Weiterentwicklung von Controllingkonzeptionen. Das Topmanagement lenkt – von Controllern oder äusseren Umständen mehr oder weniger geleitet – die Ressourcen, um in Hinsicht auf die Wettbewerbsfähigkeit des Unternehmens besondere Chancen wahrzunehmen oder Risiken abzuwehren.
Die institutionelle (organisatorische) Entwicklung folgt der konzeptionellen, wobei Akzeptanz- und Durchsetzungserfordernisse des Controlling (Promotoren- und Opponentenrolle) und die durch Controller zu bewältigenden Aufgaben ausschlaggebend sind: Die Aufgabe bestimmt die Struktur. Dabei ist zu unterscheiden zwischen der

- sachlichen Controllingorganisation unter Einschluss der Eingliederung und Kompetenz einzelner Controllerstellen (Organisation des Systems Controlling) und der

- Eingliederung des Controlling in die Gesamtorganisation (Unternehmen, Konzern, NPO, öffentliche Verwaltung) unter Berücksichtigung des Zusammenwirkens zwischen Managern und Controllern (Organisation des Systems Unternehmen unter Berücksichtigung des Subsystems Controlling).

5. Neue, hochwertige Controllerfunktion: Sparring

Bei der Eingliederung des Controlling in die Unternehmensorganisation muss beachtet werden, dass auch das Management der Führungsspitze angemessene controllerische Hilfestellung braucht – in erster Linie Sparring. Im Sparring werden sowohl die managementergänzenden als auch die managementunterstützenden Aktivitäten des Controlling eingesetzt. Als Sparringpartner für Topmanager kommen nur annähernd gleich starke – kompetente, mit unternehmerischem Format ausgestattete – Führungskräfte in Frage, auf deren Loyalität sich die Führungsspitze verlassen kann, also Controller auf erster (Vorstand, Geschäftsführer), mindestens aber auf zweiter Führungsebene. Nur wenn der Leiter des Controlling (Chefcontroller) mit dem zur Durchsetzung des Controllingprozesses erforderlichen hierarchischen Potenzial ausgestattet ist, können Controller im Sparring ihre Wirkung voll entfalten. Der Aufstieg von Controllern und zunehmend auch von Controllerinnen wird sich in Zukunft fortsetzen, nicht zuletzt deshalb, weil der Bedarf an hochwertiger Sparringleistung weiter steigt. Die klassische funktionale Dreiteilung des Managements in Fertigungsunternehmen – Absatz, Produktion, Verwaltung und Finanzen – wird in den grösseren Betrieben und Organisationen einer Vierteilung mit den Funktionen Absatz, Produktion, Controlling und Finanzen Platz machen, wie sich das in einer Reihe von Unternehmen unterschiedlicher Branchen schon seit einigen Jahren abzeichnet. Controller auf oberster Hierarchieebene finden sich zurzeit in Österreich in fünf bis zehn Prozent der grösseren Unternehmen (vgl. Oe. Controller-Institut, 1996).

In Kleinunternehmen werden in der Regel keine eigenen Controllerstellen eingerichtet. Die vorwiegend operative Controllingroutine muss vom Rechnungswesen bestritten werden. Für controllerische Innovationen und strategisches von Fall-zu-Fall-Controlling wird externe Unterstützung (durch Unternehmensberater) zweckmässiger sein, wie diese auf anderen Fachgebieten durch Steuerberater oder Rechtsanwälte seit jeher durch kleinere Unternehmen genützt wird. Der Vorteil liegt in weniger Betriebsblindheit, unverbrauchten Ideen und verminderter Fixkostenbelastung.

6. Konzentration auf das Wesentliche (vgl. Eschenbach, 1996, S. 724)

Auch Controlling muss sich laufend einer Kosten-Nutzen-Bewertung seiner Leistungsbeiträge stellen. Zu Recht wurde dem Controlling in jüngster Vergangenheit vorgeworfen, eine aufwendige "Zahlenschaufelmaschinerie" zu betreiben – mit geringen Auswirkungen auf den Erfolg der Unternehmensführung. Aus diesem Vorwurf ist die Anforderung abzuleiten, sich auf die erfolgskritischen Gestaltungs- und Lenkungsparameter zu konzentrieren und keine Informations-, Planungs- und Kontrollsysteme mit unnötiger Komplexität aufzubauen. Anstelle eines aufwendigen Aufzeichnungs- und Administrationssystems gilt es, schlanke, führungsergänzende und -unterstützende Systeme zu schaffen, die zeitnahe, kontrollierte Lenkung der erfolgskritischen Parameter ermöglichen. Das Beispiel erfolgreicher Unternehmen lehrt, dass mit Konzentration der Planungs- und Lenkungstätigkeit auf die zentralen unternehmerischen Erfolgspotenziale und Abhängigkeiten sowie mit Fokussierung des Kostenmanagements auf langfristige Gestaltung von Kostenstrukturen und auf die Entwicklungs- und Konstruktionsphase (in der bekanntlich bis zu 75 Prozent der Produktkosten determiniert werden) ein optimales Verhältnis von Mitteleinsatz und Ergebnis erzielt werden kann. Der Grundsatz des schlanken Controlling lautet: "Weniger ist mehr, konzentriere dich auf das Wesentliche."

Mit Interesse ist festzustellen, dass zur kurzfristigen Unternehmenslenkung verstärkt nichtmonetäre Prozess- und Projektkenngrössen (Leistungsmengen, Produktivitäten, Durchlaufzeiten, Einsatzmittel, Qualitätskennzahlen, Kundenzufriedenheitsindikatoren etc.) herangezogen werden, während monetäre Grössen wegen der abnehmenden kurzfristigen Beeinflussbarkeit verstärkt für mittel- und langfristig ausgerichtete Strukturbeeinflussung eingesetzt werden.

Die wachsenden Führungs-Anforderungen an das Controlling dürfen keinesfalls dazu führen, dass der Controllingapparat weiter aufgebläht wird. Konzentriertes, effektives Controlling muss sich um zeitnahe Lenkung der kritischen strategischen und operativen Erfolgsfaktoren bemühen und darf keinen Anspruch auf Vollständigkeit und Exaktheit erheben. Dem notwendigen Methoden- und Instrumentenaufbau auf der einen Seite muss Abbau beziehungsweise Entfeinerung überflüssig gewordener oder überdimensionierter Controllinghilfsmittel auf der anderen Seite gegenüberstehen.

Controlling wird auch in Zukunft eine Führungsfunktion zur Sicherung der Lebensfähigkeit des Unternehmens bleiben. Wie weit diese Funktion zentral oder dezentral wahrzunehmen ist, hängt vom generellen Zentralisations-/Dezentralisationsverhalten des Unternehmens ab. Jedenfalls sollten diese organisatorischen Entscheidungen, denen Entscheidungen zur Unternehmenskultur vorangehen, auf Grund von Regeln und nicht willkürlich getroffen werden. Um diesem Zweck mit vertretbarem Aufwand zu entsprechen, ist es notwendig, dass Controlling verstärkt Strukturen und Mechanismen schafft, die zur Selbstlenkung und Selbstorganisation des Managements befähigen.
Man kann annehmen, dass die controllingfördernden Umfeldeinflüsse in Wirtschaft und Gesellschaft insgesamt zunehmen werden: wachsende Dynamik, mehr Wettbewerb, höhere Konzentration verbunden mit weiterer Internationalisierung, Ablöse von Managern mit unzeitgemässem Führungsverhalten etc. Der Bedarf an Führungsergänzung und -unterstützung durch Controlling wird daher in Zukunft weiter an Bedeutung gewinnen und in weitere Bereiche vorstossen (NPO, Freie Berufe, öffentliche Verwaltung).

Je stärker Controllinggesinnung und controllerisches Handeln im Linienmanagement Platz greift, um so leichter können Controllingabteilungen redimensioniert werden und sich auf die Wartung des Controllingsystems, seine laufende Modernisierung und Erneuerung und auf betriebswirtschaftliche Sonderaufgaben beschränken. Visionär, aber in der Praxis wohl kaum erreichbar, lautet das Ziel: Controlling ohne Controller durch totale Internalisation der Controllingphilosophie und Beherrschung des Instrumentariums und seiner Regeln durch das Management.

7. Literatur

Bleicher, K.: (Führung) Führung, in Wittmann et.al. (Hrsg.): Handwörterbuch der Betriebswirtschaft, 5. Aufl. Stuttgart 1993, Sp. 1270–1284

Böhm, Ch. und Müller, J.: (Führungskräfteinformation) Führungskräfteinformation, in Eschenbach, R.(Hrg.): Controlling, 2. Aufl. Stuttgart 1996, S. 502–524

Eschenbach, R.: (Controlling) Zukunft des Controlling, in Eschenbach, R.(Hrg.): Controlling, 2. Aufl. Stuttgart 1996, S. 715–726

Eschenbach, R.: (Umfelddynamik) Neue Entwicklungen der Kosten- und Leistungsrechnung, in Eversheim, W. und Schuh, G.: Betriebshütte, Teil 1 S. 8–23 bis 8–31, 7. Aufl. Berlin, Heidelberg, New York 1996

Eschenbach, R. und Niedermayr, R.: (Konzeption) Die Konzeption des Controlling, in Eschenbach (Hrg.): Controlling, 2. Aufl., Stuttgart 1996, S. 64–94

Kreuzer, Ch.: (Audit) Controlling-Audit, Diss.WU Wien 1995

Link, J.: (Organisation) Organisation der strategischen Planung, Heidelberg 1989

Niedermayr, R.: (Entwicklungsstand) Entwicklungstand des Controlling, Wiesbaden 1994

Niedermayr, R.: (System) System, Kontext und Effizienz des Controlling in österreichischen Unternehmen, Diss. WU Wien 1993

Österreichisches Controller-Institut und H. Neumann Management Consulting: Gehaltshandbuch) Controller-Gehaltshandbuch 1996, Wien 1996

Weber, J.: (Controlling) Einführung in das Controlling, 6. Aufl., Stuttgart 1995

Das Pflichtenheft des Controllers im Jahr 2005

Von Alfred Blazek

Das Thema ist spekulativ. Wenn viele Leute darüber nachdenken, wird es nicht unbedingt weniger spekulativ. Wenn Controller selber darüber nachdenken, könnte eine von ihnen gewünschte Entwicklung des Berufsbildes sehr schnell zu einem Trend erklärt werden.

1. Ein Beispiel zur Anregung

Schauen wir uns zum Einstieg das Ergebnis einer Gruppenarbeit zu diesem Thema in einem Seminar der Controller Akademie im Juli 1996 an. Beteiligt waren etwa zur Hälfte Frauen und Männer, grosse und kleine Unternehmen, bis auf eines alle auch international tätig. Bedingung für die Mitarbeit in der Gruppe war, dass keiner der Beteiligten im Jahr 2005 über 40 Jahre alt sein wird. Das Ergebnis der Gruppenarbeit (Abbildung 1) wurde einem Kreis von etwa 30 Controllern präsentiert und anschliessend eine halbe Stunde diskutiert. Alle – auch diejenigen, die im Jahr 2005 über 40 Jahre alt sein werden – waren hinterher der Meinung, wichtige Anregungen für die Beobachtung von Entwicklungstendenzen in der Controllerarbeit und für die persönliche Weiterbildung bekommen zu haben.

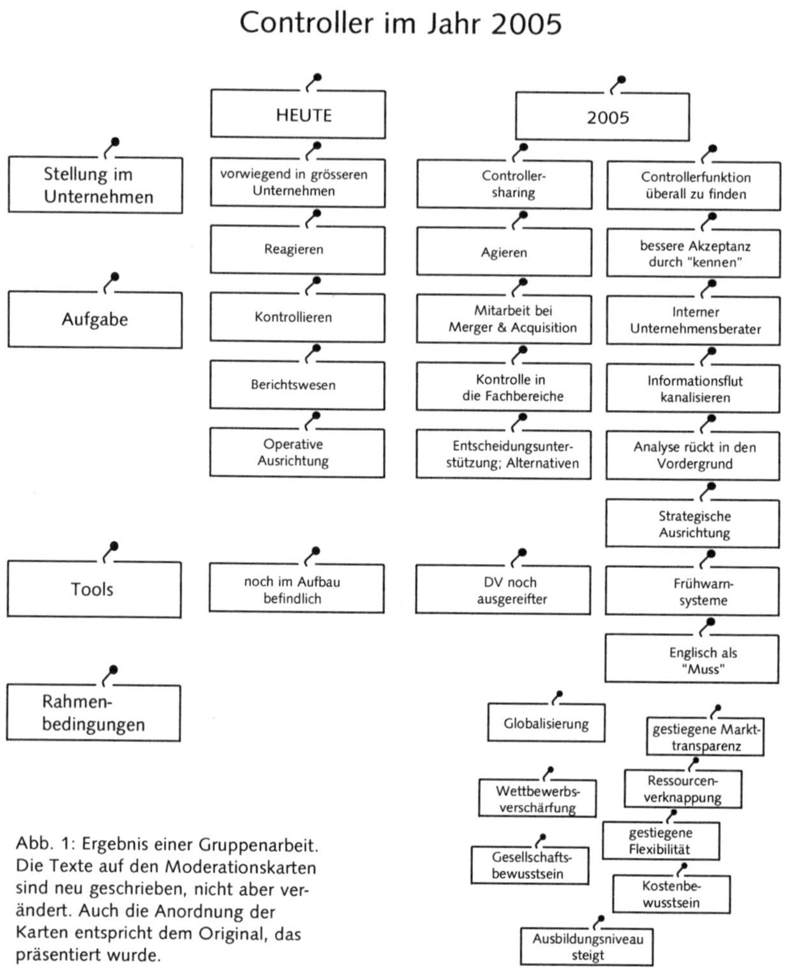

Abb. 1: Ergebnis einer Gruppenarbeit. Die Texte auf den Moderationskarten sind neu geschrieben, nicht aber verändert. Auch die Anordnung der Karten entspricht dem Original, das präsentiert wurde.

Abb. 2.1: Controller im Jahre 2005

Schauen wir uns die „Karten" an. Der Controller wird akzeptiert, weil man seine Aufgaben, seine Rolle und die damit verbundene Nutzenstiftung besser kennt. Nur dann wird die Controllerfunktion auch überall zu finden sein. Überall heisst in allen Unternehmen, aber auch in Behörden und nicht-gewinnorientierten Organisationen. Überall heisst auch noch, dezentral in Sparten, Profit Centers, Service Centers und als Betreuer von Projekten, Qualitätszirkeln, Task Forces und anderen temporären Organisationsformen, deren Bezeichnungen und Ausprägungen wir heute noch nicht kennen. Die Rahmenbedingungen gestiegene Markttransparenz, Wettbewerbsverschärfung, Ressourcenverknappung, Kostenbewusstsein sprechen für die erwartete Stellung des Controllers im Jahr 2005.

Neben der Betreuung des operativen Controlling soll im kommenden Jahrzehnt der Controller immer mehr an der strategischen Ausrichtung seines Unternehmens beteiligt werden. Dazu passen auch die „Karten" interner Unternehmensberater, Analyse rückt in den Vordergrund, Entscheidungsunterstützung und Mitarbeit bei Merger & Acquisition sowie die Entwicklung vom Reagieren zum Agieren. Die Rahmenbedingung, dass das Ausbildungsniveau steigt, ist gleichzeitig eine der Voraussetzungen für eine solche Erweiterung der Controllerfunktion.

Was ist Berichtswesen heute? Ist es nicht in erster Linie die Produktion von Daten mit der Hoffnung, dass auch Informationen dabei sind für die Berichtsempfänger? Informationsflut kanalisieren ist mir zu wenig an wünschenswerter Entwicklung. Wir alle kennen die Aussage: „Die Zahlen sprechen für sich!" Im Unternehmen ist dieser Satz zu hören, aber auch von Politikern. Wie oft stimmt denn das in Wirklichkeit? Ein bekanntes Beispiel wird meine Skepsis verdeutlichen. Jeden Monat wird von der Bundesanstalt für Arbeit in Nürnberg die Arbeitslosenstatistik für Deutschland veröffentlicht. Sie wird zuerst vom Leiter dieser Anstalt interpretiert. Seine Auslegung der Zahlen und das, was Regierung, Opposition, Gewerkschaften und Wirtschaftsinstitute herauslesen, ist sehr unterschiedlich. Die Zahlen sprechen eben nicht für sich. Ihre Interpretation hängt in diesem Beispiel vor allem von den Interessen der jeweiligen Instanz ab. Im Unternehmen ist es nicht viel anders. Zahlen sind ein Abbild, ein „gemeinsamer Nenner" von gelaufenen oder geplanten Aktivitäten, die mehr oder weniger miteinander vernetzt sind. Controller auf allen Ebenen könnten helfen, dass man aus Daten zu Erkenntnissen kommt und diese gebündelt mit Erfahrungen zu klugen und weitsichtigen Entscheidungen werden. Das ist höchst anspruchsvoll und weit mehr als Informationen kanalisieren und Informationshygiene betreiben. Und es geht nur zusammen mit denen, die für eine organisatorische Einheit verantwortlich sind.

2. Globalisierung

Ein Bericht der Süddeutschen Zeitung über das Management-Symposium im Mai 1996 in St. Gallen war überschrieben mit „Globalisierung verändert die Arbeitswelt". Das gilt natürlich auch für die Arbeitswelt der Controller. Die „Karten" Globalisierung und gestiegene Flexibilität unter den Rahmenbedingungen zeigen, dass die jungen Controller in der Arbeitsgruppe diese Entwicklung sehen, beziehungsweise erahnen. Eine der Konsequenzen ist Englisch als Muss als zusätzliches „Tool". Zur erwarteten höheren Flexibilität passt eine Einstellung, die ein Teilnehmer an dem Management-Symposium so formuliert hat: „Nimm jeden Arbeitsplatz, der Dir angeboten wird, bis Du jenen findest, den Du willst!" Geistige, räumliche und kulturelle Flexibilität wird von immer mehr Menschen gefordert werden. Wie bereiten wir uns darauf vor?

Geistige Flexibilität ist die Bereitschaft für kontinuierliches Lernen. Dazu gehört Englisch als lingua franca in global tätigen Unternehmen. Aber genügt das? Beim Eintritt in einen neuen Markt sind auch kulturelle Barrieren zu überwinden. Der wichtigste Zugang zur Kultur eines Landes, zum Einfühlen in dessen Lebens- und Arbeitsgewohnheiten ist immer noch die Sprache. Vielleicht sollten sich auch Controller - und nicht nur Leute im Vertrieb - schon heute darauf einstellen, im Jahr 2005 neben Englisch noch eine weitere Fremdsprache gut sprechen und schreiben zu können. Ein Beispiel soll illustrieren, wie es gemeint ist.

Im Jahr 1989 hatte ich den Auftrag, die Vorstellungen über eine Unternehmenskultur, wie sie in einem Projekt im deutschen Mutterhaus formuliert wurden, in einigen asiatischen Tochtergesellschaften zu präsentieren. Idee und fester Wille des Mutterhauses war, möglichst weltweite Akzeptanz dafür zu erreichen. In Singapur bat ich nach einer Einführung die anwesenden 35 Mitarbeiter (es war fast die gesamte Belegschaft), in kleinen Gruppen die mitgebrachten Papiere zu diskutieren. Wir vereinbarten, dass sie die englischen Texte in ihrer Muttersprache (75 Prozent Chinesen, dann Malayen und Pakistani) diskutieren und in englischer Sprache schriftlich kommentieren sollten. In meiner Vorbereitung auf die Reise hatte ich gelernt, dass Chinesen nur schwer zu bewegen seien, öffentlich, also im Plenum, Kritik an Überlegungen eines europäischen Mutterhauses zu äussern. Ein Satz zum Leitbild des Unternehmens hiess: „XY is an international family-owned company." Zwischen den Wörtern „international" und „family-owned" wurde in einer Gruppe eingefügt: German thinking. Was bedeutete das? Ein internationales, aber „deutsch denkendes" Familienunternehmen. Was heisst „deutsch-denkend"? Für die Leute aus Singapur war das einfach „anders als wir denken und handeln". Es war ausgemacht, dass die schriftlichen Kommentare nur auf freiwilliger Basis näher erläutert werden sollten. Es war auch jemand bereit, ein Beispiel zu geben für das, was mit „German thinking" gemeint war. Projektingenieure aus Deutschland hatten eine Sammlung von technischen Anwendungsbeispielen gemacht und sie weltweit den Tochtergesellschaften gegen Bezahlung angeboten. In Singapur hatte man sie aus Höflichkeit gegenüber dem Mutterhaus angenommen und auch bezahlt, obwohl es keine Anwendungen dieser Art bei den Kunden in Singapur gab. Es war eben „deutsches Denken".

Allein dieses Ergebnis war die ganze Reise wert, sagten mir meine Auftraggeber später. Es löste viele Anstrengungen zur Verbesserung des interkulturellen Verständnisses aus, auch Veränderungen in den Formulierungen zur Unternehmenskultur. Das ist nun kein typisches Beispiel für die Controller-Arbeit. Aber in seiner allgemeinen Gültigkeit doch sehr eindrucksvoll. In der Diskussion wurde ich auch gefragt – es war übrigens die einzige Frage, die aus der Belegschaft kam – was es für einen Mitarbeiter in Singapur bedeutet, in einer „family-owned company" zu arbeiten. Darauf war ich nicht vorbereitet. In meiner Suche nach einer plausiblen Antwort erwähnte ich auch, dass es keine dividendenhungrigen Aktionäre gibt und die Gewinne grösstenteils immer wieder investiert werden, z. B. zur Finanzierung von Lagerbeständen und Forderungen von neu entstehenden Tochtergesellschaften. Da nickten einige verständnisvoll, die schon länger bei der Firma waren. Dann fiel mir ein, dass ich am Tag zuvor über eine feindliche Übernahme eines Unternehmens auf der Titelseite der grössten Tageszeitung von Singapur einen Bericht gelesen hatte. Ich erinnerte daran und sagte, dass ihnen so etwas in einem Familienunternehmen nicht so leicht passieren kann. Dieses Argument hat Verständnis und starke Zustimmung gefunden. In dieser Begegnung mit einer anderen Kultur und für dieses Beispiel genügte auch Englisch als Zweitsprache für beide, um zum Ausdruck zu bringen, gewissermassen aus den Beteiligten „von innen her auszudrücken", was gemeint war.

Wie oft werden so grosse Dinge wie „Wir wollen ein Familienunternehmen bleiben" dahingesagt und dahingeschrieben, ohne dass sie Bedeutung erlangen. Controller können mithelfen, die finanziellen Wirkungen solcher strategischen Festlegungen zu interpretieren. So wie die Zahlen meist nicht für sich sprechen, sind auch die Wörter nicht selbstredend, auch wenn die Redewendung „Hier steht es schwarz auf weiss" dies nahelegt. Zahlen und Wörter bekommen erst durch Deutung Bedeutung.
Ein Beispiel für kulturelle Unterschiede auf dem engeren Fachgebiet der Controller oder genereller der Finanzleute sind die Grundsätze ordnungsmässiger Buchführung (GoB) und die Generally Accepted Accounting Principles (GAAP). Ein sehr anschauliches Beispiel dafür in jüngerer Zeit bot die Bilanz von Daimler-Benz. Die im Jahr 1993 vorgelegten Zahlen nach den GoB wiesen einen Jahresüberschuss von ca. 800 Millionen DM aus; die Bilanz des gleichen Jahres nach GAAP und den Regeln der Security of Exchange Commission (SEC) zur Einführung der Aktien an der New York Stock Exchange zeigte einen Jahresfehlbetrag von etwa 1,8 Milliarden DM. Da ist niemand dumm, und niemand hat die Bilanzen gefälscht. Es ist ein gutes Beispiel dafür, dass wir versuchen müssen zu verstehen, auf welcher Grundlage solche Regeln entstanden sind. Die GoB haben stärker den Gläubigerschutz, die GAAP mehr den Aktionärschutz im Visier. Die International Accounting Standards (IAS) dürften, wie es die Bezeichnung nahelegt, zum weltweit anerkannten Standard werden. Dies ist ein eher einfaches Beispiel, da die kulturellen und sprachlichen Barrieren zwischen den deutschsprachigen Ländern Europas und den USA vergleichsweise niedrig sind.

Über Controlling als Führungsfunktion sowie Aufgaben und Rolle eines Controllers gibt es in den Unternehmen des deutschsprachigen Raumes noch keine einheitliche Auffassung. Die Referate und Workshops dieser 10. St. Galler Controllertage bemühen sich in dieser Richtung. Im angelsächsischen Raum wird unter Controlling erst so etwas Ähnliches wie bei uns verstanden, wenn man das Wort Financial davorsetzt. Die Funktionsbezeichnung Controller wird in den USA meist nur für die Spitzenposition verwendet; typisch ist der Titel „Vice-President and Controller". Sonst spricht man meist von Financial Analysts. In Grossbritannien heissen die Controller üblicherweise Management Accountants, zuständig für das Management Accounting, bei uns das Interne Rechnungswesen. Das Chartered Institut of Management Accountants (CIMA) als Berufsverband und Prüfungsorgan wirkt prägend im „United Kingdom". Um nicht mit einem Air-Traffic-Controller oder einem controller als technisches Steuerungselement verwechselt zu werden, sagt man in England am besten Financial Controller. Eine deutsche Firma, tätig auf dem Gebiet der Steuerungstechnik, hat eine technische Broschüre, betitelt mit „Controlling your entry into the future", für ihre Kunden gemacht. Diesen Titel kann man auch betriebswirtschaftlich verstehen. Aber Controlling und Controller sind nach wie vor erklärungsbedürftig; diese Bezeichnungen verstehen sich nicht von selbst. Das Erklärungskönnen der Controller wird im Jahr 2005 eine noch grössere Bedeutung haben als heute schon. Dies nicht nur wegen der Globalisierung, sondern generell wegen der zunehmenden Komplexität.

3. Lernende Unternehmen

Die Notwendigkeit der Bereitschaft zum kontinuierlichen Lernen wurde schon angesprochen. Wenn wir über unsere sprachlichen und kulturellen Grenzen hinausgehen, müssen wir lernen, um „in der weiten Welt" bestehen zu können. Diese Grenzen sind auch Systemgrenzen. Wir haben es mit unterschiedlichen politischen und sozialen Systemen zu tun; dazu kommen die Religionen, die diese Systeme überlagern und mehr oder weniger stark beeinflussen. Dies alles spielt sich ab im Ökosystem unseres Planeten Erde. Die „Karte" Ressourcenverknappung unter den Randbedingungen in Abbildung 1 passt hierher. „Ökologie ist Ökonomie auf lange Sicht" ist schon heute eine einleuchtende Maxime für dauerhaftes Wirtschaften, für Sustainable Development. Dazu helfen uns neben einem durch mehr Wissen und Erfahrung geschärften Bewusstsein für Mutter Erde auch richtige Preise. Diese müssen kalkuliert werden, und Kalkulieren wird auch im Jahr 2005 noch zum Handwerk der Controller gehören. Ein Wettbewerb zwischen den Systemen der zentralen Planwirtschaft und der Marktwirtschaft besteht nicht mehr. Doch auch die Marktwirtschaft braucht und hat ihre Regeln, und zwar weltweit, regional und national. Die soziale Marktwirtschaft will die „Kälte" des Marktes abfedern.

In diesen übergeordneten Systemen bewegen sich die Unternehmen, die selbst wieder ein System mit Subsystemen sind. Werden „flache" Organisationen die Norm sein im Jahr 2005? Werden kleine Teams die Regel sein, im Extremfall verstreut um den ganzen Erdball, miteinander verbunden in einem World-Wide-Web? Tom Peters, zuerst bekannt geworden Anfang der achtziger Jahre als Mitautor des Buches „Auf der Suche nach Spitzenleistungen" meint, dass interdisziplinär und horizontal vernetzte Teams den Kern einer den künftigen Anforderungen gewachsenen Organisationswirklichkeit bilden werden. Es wird nicht ausreichen, die horizontale Vernetzung rein computertechnisch herzustellen. Eine Gruppe von Menschen wird erst zu einem Team durch die geistige und emotionale Verbundenheit. Den Teamgeist macht kein Computer; den müssen die Menschen selber entwikkeln. Wichtiges Element des Teamgeistes ist Loyalität, das Einstehen füreinander, vor allem in schwierigen Zeiten. Solange Lean Production oder Business Re-Engineering als schöngefärbte Etiketten für „Leute loswerden" erlebt werden, haben Teamkonzepte keine Chance. Auch wenn wir nicht garantieren können, alle Leute ein Leben lang zu beschäftigen, so können wir doch dafür sorgen, unsere Mitarbeiter durch kontinuierliche Weiterbildung beschäftigbar zu erhalten. Dieser Akzent des Personalcontrolling könnte zu einem wesentlichen Beitrag der Unternehmen zum Sozialen in der Marktwirtschaft werden im Interesse des Einzelnen, des Unternehmens selber und der übergeordneten Gemeinschaft Staat.

Wie immer die kleinen, sich weit gehend selbststeuernden organisatorischen Einheiten heissen: sie werden Controllingwerkzeuge und auch einen Controller als betriebswirtschaftlichen Begleiter brauchen, um nicht an den ökonomischen Realitäten zu zerschellen. Bei der Controller-Akademie stellen wir dieses betriebswirtschaftliche Begleiten, das Miteinander gerne mit dem Bild der Schnittmenge dar.

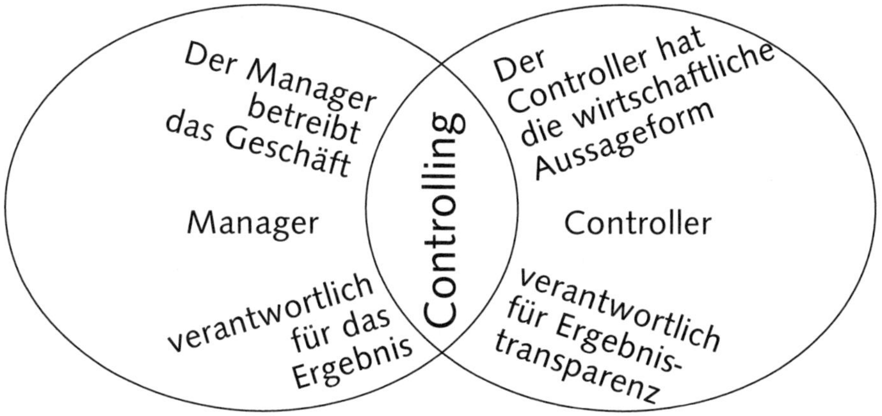

Abb. 2.2: Miteinander von Controller und Manager

Das Controlling im engeren Sinne ist das Reagieren auf Abweichungen im Soll-Ist-Vergleich. Abweichungen sind zu verstehen als Signale, die auffordern, korrektive Massnahmen einzuleiten, um wieder auf Plankurs zu kommen. Das geht aber nur, wenn vorher geplant worden ist, ein Plankurs in Richtung der Erreichung der Ziele vereinbart und festgeschrieben worden ist. Der Prozess der Zielvereinbarung, Planung und Steuerung ist das Controlling im weiteren Sinne. Controlling zu machen ist Sache der Manager selber. Die Controller leisten dafür einen betriebswirtschaftlichen Service. Das Zusammenspiel zwischen dem „betreibenden" Manager und den ihn begleitenden Controller, der darauf schaut, dass „wirtschaftlich" nichts danebengeht, wird durch die Schnittmenge symbolisiert. Die in Anführungszeichen gesetzten Wörter „betreiben" und „wirtschaftlich" finden sich wieder im Wort Betriebswirtschaft. Die Schnittmenge ist ein Begriff aus der Mengenlehre. Sie symbolisiert Gemeinsamkeit in der Sache, dem wirt-

schaftlichen Ergebnis und die Zugehörigkeit zu einer Gemeinschaft, einem Unternehmen, einer Sparte, einem Profit Center, einem Werk, einer Projektgruppe, also einem Unternehmen im Unternehmen. Gemeinsamkeit und Gemeinschaft verstärken das Verständnis füreinander. Das fördert den Lernprozess. Controlling ist ein Lernprozess par excellence. Der funktioniert aber nur, wenn Abweichungen nicht als Schuldbeweis, sondern als Anlass für einen Lernprozess verstanden werden. Andernfalls fördern Abweichungen nicht das kontinuierliche Lernen, sondern das Ausdenken von Ausreden und Abwehrverhalten.
Warum Schnittmenge und nicht Schnittstelle? Das Wort Schnittstelle ist technisch orientiert, auch computertechnisch. Damit die Zusammenarbeit zwischen den Menschen im Unternehmen funktioniert, generell und nicht nur zwischen Manager und Controller, ist ein Mindestmass an Verständnis füreinander erforderlich. Jeder muss über den eigenen Tellerrand hinausschauen zum andern hinüber. Nicht um ihm oder ihr etwas wegzunehmen, sondern um ihn oder sie zu verstehen, seine oder ihre Sicht der Dinge kennen zu lernen, ein Verzahnen, eine Koordination der einzelnen Beiträge zu einer „runden", machbaren Problemlösung zu ermöglichen. Was hier gemeint ist, steckt im englischen Wort für Schnittstelle drin: Interface. Face to face bietet die Chance des gegenseitigen Verstehens, und das ist mehr als die Weitergabe einer Akte an den nächsten Bearbeiter an einem „sauber" definierten Punkt, der Schnittstelle. In die Schnittmenge der Abbildung 2 könnte man auch noch das Wort Dialog schreiben. Im Gespräch beim Zuhören und Rückfragen entsteht Verständnis und mit der Zeit auch Vertrauen. Ein Lernunternehmen ohne Verständnis füreinander und Vertrauen zueinander kann ich mir nicht vorstellen. Die Anforderungen an das Ko-Können – Kommunikation, Kooperation, Koordination – der Controller werden sehr hoch sein im Jahr 2005. Und nicht nur an die Controller, wenn das lernende Unternehmen Realität werden soll.

4. Zukunft hat Herkunft

Diese Formulierung des deutschen Philosophen Udo Marquardt soll uns daran erinnern, dass wir eine Startbasis, einen Ausgangspunkt haben für den Weg in die Zukunft. Es ist hilfreich, einen geistigen Sprung ins Jahr 2005 zu machen, ein Szenario zu skizzieren und nicht einfach von heute in die Zukunft zu extrapolieren. Vom Szenario sozusagen „retrapolierend" müssen wir uns fragen, was zu tun ist auf dem Weg ins Jahr 2005. Anhand eines Ergebnisses einer Gruppenarbeit in einem Controller-Seminar und zu den Stichwörtern Globalisierung und Lernunternehmen sind einige Orientierungen skizziert worden.

Damit und mit dem im Vorwort dargestellten Controller-Leitbild können sich Controller auf den Weg machen.

Controllers Verantwortung für zukunftsorientierte Systemgestaltung

Von Lukas Rieder

Controllern wird oft vorgehalten, sie würden sich in sehr viele Fragen der Unternehmensführung einmischen und teilweise Aufgaben wahrnehmen, die eigentlich nicht ihnen zugedacht seien. In diesem Zusammenhang wird dann auch gefragt, ob Controller, die ja zur Hauptsache Stabsarbeit im Sinne von Führungsunterstützung leisten sollen, überhaupt eine Verantwortung für bestimmte Resultate tragen würden und, wenn ja, woher sich diese Verantwortung ableite.

Zweck der nachfolgenden Ausführungen ist es, herauszuarbeiten, was die Verantwortung der Controller für die Systemgestaltung bedeutet. Dabei soll das Schwergewicht auf die sich für die Gestaltung des betrieblichen Rechnungswesens ergebenden Konsequenzen gelegt werden.

1. Controllers Verantwortung

Baumgartner hat es 1980 (S. 30ff.) unternommen, verschiedenste Lehrmeinungen zum Thema Controlling zu systematisieren und vor allem US-amerikanische und europäische Auffassungen zu vergleichen. Daraus ist eine Auflistung der Controlleraufgaben entstanden, auf die sich auch die heutige Literatur zum Controlling weitgehend abstützt. Als primäre Controlleraufgaben stellt er vor:

Primäre Controlleraufgaben:

- die Accounting Function, das heisst die finanzielle und betriebliche Rechnungswesenfunktion,
- die Planning Function, als Leiter des Planungsprozesses,
- die Control Function, das heisst die Erfassungs- und Interpretationsfunktion,
- die Reporting und Consulting Function, das heisst die Berichterstattungs- und Beratungsfunktion

Abb. 3.1: Die primären Controlleraufgaben

Viele andere Autoren, z.B. Horváth oder Weber, schliessen sich dieser Auffassung an und betonen, dass im Rahmen ihrer koordinierenden Tätigkeit Controller auf gut ausgebaute Planungs- und Rechnungswesensysteme bauen können müssen (Horváth, 1979, S. 163, Weber, 1995, S. 24 ff.).
Weber weist auch explizit darauf hin, dass Controller die Planungs- und Rechnungswesensysteme aufbauen und betreiben müssen (vgl. ebenda, S. 104 ff.). Die gleiche Auffassung vertreten neben vielen anderen auch Schweitzer (1992, S. 158), Horngren (1991, S. 11), Bramsemann (1987, S. 68 und S. 74).
Aus der Organisationslehre ist seit langem bekannt, dass Aufgabe, Kompetenz und Verantwortung eine Einheit bilden (Hill/Fehlbaum/Ulrich, 1974, S. 124). Wenn also Controllern im Rahmen der Arbeitsteilung die Aufgaben Accounting und Planning Function delegiert werden, ergibt sich daraus automatisch, dass die Controller für deren richtige Ausgestaltung, Auswertung und für den Betrieb der dazu notwendigen Systeme verantwortlich sind. Ergibt sich durch die Grösse der Organisation die Notwendigkeit, die Aufgabe der Führung der Rechnungswesensysteme weiter an Leiter des Finanz- und Rechnungswesens oder an Kostenrechner zu delegieren, bleiben die delegierenden Controller nach wie vor in der Führungsverantwortung (vgl. ebenda, S. 125).

Damit tragen die Controller nicht nur die Verantwortung, sondern haben auch die Kompetenz, in Fragen der Systemgestaltung, das heisst der Festlegung der für die Werte- und Leistungsmessung einzusetzenden Methoden, Verfahren und Systeme zu entscheiden. Ebenso legen sie fest, wie, das heisst mit welchen Methoden und nach welchen Abläufen, in der Unternehmen strategisch und operativ geplant werden soll (vgl. dazu Deyhle, 1992 II, S. 116 ff., Bramsemann, 1987, S. 83, Stoffel 1995, S. 154 ff., Rieder, 1994, Teil 2, S. 9).

Controller tragen die

- Systemverantwortung, im Sinne von Festlegung der Vorgaben für die im Rechnungswesen und in der Leistungserfassung anzuwendenden Methoden und Verfahren sowie der daraus zu gewinnenden Auswertungen
- Planungsverantwortung, indem sie dafür sorgen, dass überhaupt koordiniert geplant werden kann und dafür die notwendigen Instrumente bereitstellen und den Planungsprozess leiten.
- Richtlinienverantwortung, der sie durch die Festlegung von Regeln für Planung, Soll-Ist-Vergleich, Berichtswesen, Leistungserfassung, Kontierung und Bewertung innerhalb der Unternehmen entsprechen.

Abb. 3.2: Controllers Verantwortungen

Nicht in Controllers Kompetenz und Verantwortung fällt nach übereinstimmender Meinung die Festlegung der eigentlichen Planwerte (Zielhöhen), da für deren Erreichung die einzelnen Führungskräfte zuständig sind. Diese müssen in der Folge auch die Kontrolle mit der zugehörigen Entscheidung über anzusetzende Korrekturmassnahmen übernehmen, wozu sie die unter anderem die Daten aus den Rechnungswesensystemen verwenden.

1.1 Zukunftsorientierung

Unternehmensführung ist immer zukunftsorientiert, denn für die Vergangenheit gibt es nichts mehr zu entscheiden, da sie schon geschehene Geschichte ist. Controllerdienst soll die Effektivität und die Effizienz der Unternehmensführung erhöhen und die Anpassungsfähigkeit an Veränderungen in der Um- und Innenwelt des Unternehmens steigern (vgl. Weber, 1995, S. 50). Sämtliche Dienstleistungen der Controller müssen demzufolge immer zukunftsorientiert erbracht werden, wobei die Zukunft die nächsten Monate, das Planjahr oder eben auch strategische Entscheidungshorizonte umfasst. Gestalten Controller Systeme, können sie die Planungsdimension deshalb nie auslassen, da ihre Hilfsmittel dann nicht führungsgerecht wären. Istdaten sind nur soweit relevant, als sie für die kurzfristige Steuerung und Regelung benötigt werden.

Durch die zunehmende Komplexität der Investitionsprojekte und der Entscheidungstatbestände besteht die Tendenz, dass Entscheidungen für laufend länger werdende Zeiträume getroffen werden müssen, was für Führungskräfte und Controller zu vermehrtem Denken in Vorkopplungskreisläufen (feed forward) führt. Das bedeutet, dass die Richtigkeit von Entscheidungen noch vor der Realisierung überprüft werden muss, das heisst, bevor Istdaten zur Verfügung stehen.
Diese Erweiterung der Zeithorizonte kann natürlich nicht ohne Folgen auf die Möglichkeiten bleiben, die Rechnungswesensysteme zur Entscheidungsvorbereitung und resultatorientierten Steuerung bieten sollten.

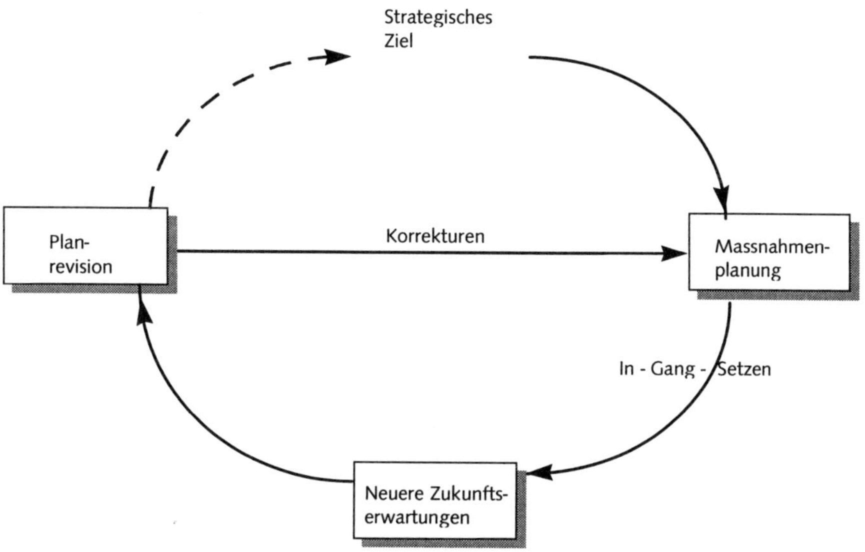

Abb. 3.3: Der Vorkopplungskreislauf

Wenn neuere Erkenntnisse über die zukünftigen Entwicklungen zur Verfügung stehen, kann dies eine Anpassung der Pläne erfordern, ohne dass jemand schon auf Istwerte zurückgreifen könnte.

Zukunftsorientierte Systeme des Rechnungswesens sollen der kurz- und langfristigen Entscheidungsfindung dienen. Im Sinne resultatorientierter Unternehmensführung sollen sie ziel- und verantwortungsgerecht aufgebaut werden.

Damit kann auch zunehmend der von Eschenbach gestellten Forderung genügt werden, der von zukünftigen Controller-Instrumenten auch eine Verhaltensausrichtung verlangt, da er zu Recht sagt, dass letztendlich menschliches Verhalten die betrieblichen Zahlen bestimmt (vgl. Eschenbach, 1996, S. 721 f.).

1.2 Systemgestaltung

Unabhängig davon, ob Controller die Systeme zur Planung oder Entscheidungsvorbereitung selbst bedienen oder die dazu notwendigen Aufbau-, Datenerfassungs- und Auswertungsarbeiten weiter delegieren, sind sie für die Entscheidungen bezüglich Form und Ausgestaltung dieser Systeme zuständig. Dies erfordert, bezogen auf das betriebliche Rechnungswesen, Festlegungen zu folgenden Fragen zu treffen:

Grundfragen zur Systemgestaltung
■ Welches ist der Hauptzweck, der mit dem betrieblichen Rechnungswesen verfolgt wird? Unterstützung der Führung mittels Entscheidungsgrundlagen oder Ermöglichung der Bewertungen für die externe Berichterstattung?
■ Sollen die organisatorischen Strukturen und Abläufe der Unternehmen mit dem Rechnungswesen abgebildet werden oder ist der Ausweis der Selbstkosten wichtiger?
■ Sollen für möglichst alle Führungskräfte eindeutige, selbstständig verantwortbare finanzielle und leistungsmässige Zielgrössen gefunden werden?
■ Soll die Systemgestaltung dazu führen, dass für die Führungskräfte möglichst viel Freiraum für eigenverantwortliches finanzielles Verhalten verbleibt?
■ Ist das Rechnungswesen so auszugestalten, dass auch jahresübergreifende Betrachtungen, insbesondere in Projekten möglich sind oder reicht die Jahresrechnung aus?
■ Sollen Verrechnungspreise für Leistungen dazu dienen, das Ergebnis einzelner Einheiten zu steuern oder optimale Entscheidungen im Sinne der Gesamtunternehmung / der Firmengruppe zu fördern?
■ Soll die Präsentation der Resultate möglichst exakt sein oder liegt das Gewicht eher auf der Verständlichkeit der Auswertungen?
■ Sollen mit den verfügbaren Systemen Simulationsrechnungen zur Evaluation verschiedener Szenarien durchgeführt werden können?

Abb. 3.4: Grundfragen zur Systemgestaltung

2. Anforderungen an die Rechnungswesensysteme der Zukunft

Nehmen Controller ihre Verantwortung für die Gestaltung betrieblicher Rechnungswesensysteme ernst, sollten sie sich heute überlegen, welche Tendenzen in Zukunft die Führungsunterstützung beeinflussen werden und nach welchen Kriterien die Entscheidungsfindung in den Organisationseinheiten ablaufen wird. Daraus lassen sich heute schon Eckpunkte für die Weiterentwicklung bestehender Rechnungswesensysteme ableiten.

2.1 Unterschiedliche Rechenzwecke

Sowohl in der Schweiz (Fachempfehlungen für die Rechnungslegung FER) als auch international (International Accounting Standards IAS und US-GAAP) werden grosse Anstrengungen unternommen, die Rechnungslegung der Unternehmen zu standardisieren und die Transparenz der Berichterstattung nach aussen zu erhöhen. Damit soll erreicht werden, dass die Geschäftsberichte für Aussenstehende aussagekräftiger werden. Trotzdem wird es sich nicht vermeiden lassen, dass die präsentierten Erfolgszahlen nicht eindeutig interpretierbar sind, da durch die zur Verfügung stehenden Wahlrechte nach wie vor viel Ermessensspielraum besteht.
So zeigt Prof. Küting von der Universität des Saarlandes seit mehreren Jahren auf, wie sich deutsche Unternehmen, obwohl sie sich an das Handelsgesetzbuch und an die EU-Richtlinien halten, durch mehr oder weniger willkürliche Bewertungen arm oder reich rechnen:

Beispiel Pfaff Nähmaschinen	
Kumulierte ausgewiesene Verluste 1992/1993:	156.0 Mio. DM
Jahresüberschuss 1994:	10.0 Mio. DM
- Aktivierung auftragsbezogener Projektierungskosten in Ware, in Arbeit und Fertigprodukten:	22.0 Mio. DM
- Verlängerung der Abschreibungsdauer:	2.6 Mio. DM
= Betriebsverlust	14.6 Mio. DM

Quelle: Hillebrand, W.; Summa cum laude, in Capital (Wirtschaftsmagazin), Nr.9, 1995, S. 58 ff.

Abb. 3.5: Beispiel zur legalen Bilanzmanipulation

Man kann somit davon ausgehen, dass die zunehmende Transparenz zwar wohl in der Berichterstattung nach aussen verbesserte Information bringen wird, nicht aber nach innen, wo die finanzwirtschaftliche Steuerung der Unternehmen im Vordergrund steht.

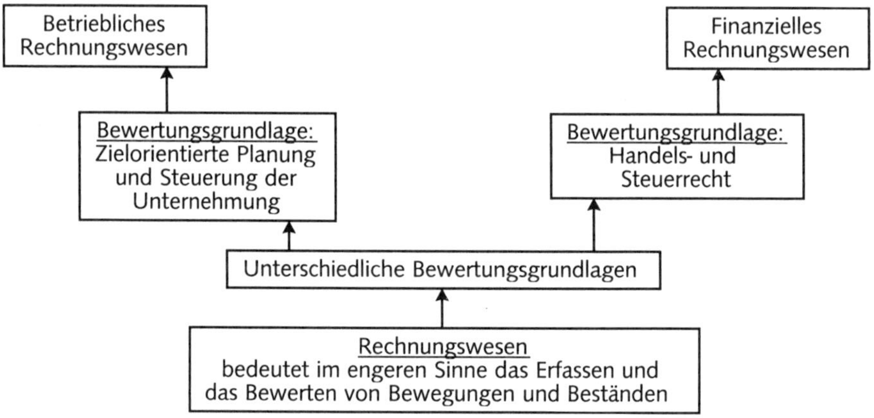

Abb. 3.6: Zwei verschiedene Auswertungssysteme im Rechnungswesen

Die Trennung zwischen finanziellem (aussenorientiertem) Rechnungswesen und betrieblichem Rechnungswesen wird bestehen bleiben, da von unterschiedlichen Bewertungsgrundlagen auszugehen ist:
Die kundenbezogene (also interne) Controllersicht wird sich deshalb auch in Zukunft auf die Gestaltung des betrieblichen Rechnungswesens konzentrieren. Es wird in Hinsicht auf die zielorientierte Planung und Steuerung der Unternehmen weiterhin notwendig sein, mit Plan- und Standardpreisen für Material und Kostenstellenleistungen zu operieren, damit Lenkungspreise für Einsatzgüter angewendet werden können und der Knappheit von Einsatzfaktoren Rechnung getragen werden kann. Für die innerbetriebliche Darstellung der Ergebnisse sollte es ebenfalls möglich sein, kalkulatorische Kosten, z.B. Abschreibungen vom Tageswert oder kalkulatorische Zinsen, ansetzen zu können. Soll das Verschieben von periodenabhängigen Kosten von der einen in die andere Periode vermieden werden, um den Markterfolg klar darstellen zu können, sind im betrieblichen Rechnungswesen die Bestandesänderungen weiterhin zu den proportionalen Herstellkosten zu bewerten, währenddem IAS die vollen Herstellkosten verlangt (vgl Bertschinger, 1996, S. 20).
In Hinsicht auf die Umsetzung des verantwortungsorientierten betrieblichen Rechnungswesens empfiehlt es sich, vom Lager an die Fertigung und von der Fertigung an das Fertigwarenlager mit Standardkosten zu fahren. Denn so kann einfach abgegrenzt werden, wer (Einkauf, Fertigung, Verkauf) für bestimmte Abweichungen zuständig ist und demzufolge Massnahmen vorsehen soll (vgl. auch nächster Abschnitt). In IAS (und in US-) sind jedoch nur FIFO oder Durchschnittswert als Bewertungsverfahren zulässig (vgl. ebenda und S. 151).
Der Tendenz, auch im betrieblichen Rechnungswesen nur noch aufwandsgleiche Kosten auszuweisen, der zurzeit in vielen Konzernen nachzuleben versucht wird, werden sich ziel- und führungsorientierte Controller somit nur beschränkt anschliessen können.

2.2 Verantwortlichkeitsrechnung

Verfolgt man die Managementliteratur, ist einfach festzustellen, dass eine klare Tendenz dazu besteht, Mitarbeitern und Führungskräften

die Gelegenheit zu mehr eigenverantwortlicher Führung zu geben. Es sollen zu erreichende Resultate vereinbart werden, deren Realisierung die Führungskräfte dann mit möglichst viel Freiraum angehen können sollen. Die Idee des Management by Objectives wird somit auch in Zukunft einen hohen Stellenwert in der Unternehmensführung besitzen.
Für die Bereiche der Kosten-, Leistungs- Erlös- und Ergebnisrechnung ergibt sich daraus die Anforderung, die Systeme noch vermehrt so auszubilden, dass jede Führungskraft ihre eigenen Kosten-, Erlös- oder Ergebnisziele im betrieblichen Rechnungswesen finden kann. Diese Zielgrössen sollen so gebildet werden, dass ihre Erreichung im direkten Beeinflussungs- und Kompetenzbereich der jeweiligen Führungskraft liegt.

Für die Kostenstellenrechnung entsteht daraus die Forderung, einerseits die einzelnen Kostenarten so zu planen und im Ist zu erfassen, dass zwischen beeinflussbaren und kalkulatorischen Kosten unterschieden wird und andererseits in den direkt produktiven Bereichen die Spaltung der Plankosten in proportionale und fixe vorzunehmen, so dass die Sollkostenrechnung möglich wird (vgl. dazu Beispiele bei Deyhle (1992, II, S. 52) oder Rieder/Siegwart (1997, S. 211)). Damit kann die an sich altbekannte Sollkostenrechnung zur Unterstützung der Führung durch Zielvereinbarung direkt eingesetzt werden, indem die Kosten- und Leistungsplanung zielorientiert erstellt und die Einhaltung der Sollkosten zum Ziel gemacht wird.

In den vorgelagerten Systemen Materialbuchhaltung und Lohn- und Gehaltsadministration sollten Abweichungen von Planpreisen (Standardpreisen) und Planlohnsätzen direkt isoliert werden, so dass sie nicht in die Kostenstellen bzw. auf die Produkte durchschlagen. So wird gewährleistet, dass sich Einkäufer direkt um Preisabweichungen kümmern und Personalleiter direkt um Lohnsatzabweichungen. Denn es sind diese Personen, die sofort reagieren können, wenn die entsprechenden Planwerte nicht eingehalten werden, und nicht die Kostenstellen- oder Fertigungsleiter.

Für die Nachkalkulation von Produkten, Aufträgen und Dienstleistungen sollte sichergestellt werden, dass eine Standardkalkulation aufgebaut wird, mittels der die Materialkosten und die Fremdleistungen gemäss Vorgabemengen denjenigen gemäss effektivem Materialbezug gegenübergestellt werden können, damit Mengenabweichungen auf Aufträgen auch wertmässig dargestellt werden können. Kostenstellenleistungen sollten ebenfalls einmal zu Vorgabezeiten und einmal zu Istzeiten erfasst werden können, wobei sie in beiden Fällen mit den Plankostensätzen der leistenden Kostenstellen bewertet werden sollten, so dass Arbeitszeitabweichungen erkennbar werden. Der Ausweis dieser Abweichungsarten ermöglicht es dem verantwortlichen Fertigungsleiter nicht nur, zu verfolgen, ob in seinem Bereich die Standardkosten eingehalten werden können, sondern er kann zudem aus der Erfahrung mit abgeschlossenen Aufträgen lernen und die Vorgaben in der Folge entsprechend anpassen.

Die führungsgerechte Gestaltung der Ergebnisrechnung stellt gleich mehrere Anforderungen. So sollten auch hier den jeweils Verantwortlichen Grössen präsentiert werden, die sie selbstständig und direkt beeinflussen können. Von den Nettoerlösen sind deshalb nur diejenigen Kosten in Abzug zu bringen, die eindeutig den Verantwortungsbereichen (Verkaufsgebiete, Produktbereiche usw.) zugeordnet werden können. Das Instrument der Wahl ist die mehrstufige Deckungsbeitragsrechnung, in der komplett auf die Schlüsselung fixer Kosten verzichtet wird. Die proportionalen Herstellkosten sollen gemäss Standardkalkulationen aus der Kostenträgerrechnung übernommen werden, da die Verkaufsverantwortlichen ja keinen direkten Einfluss auf die Kosten der Fertigung haben. Die fixen Kosten sollen direkt aus der Kostenstellenrechnung in die verschiedenen Deckungsbeitragsstufen gegeben werden.
Die mehrstufige sollte zugleich aber auch zur mehrdimensionalen Deckungsbeitragsrechnung ausgebaut werden. Diese Forderung ergibt sich aus der Art, wie heute die Geschäfte betrieben werden. Die Marktbearbeitung und die marktnahe Planung geschehen in Dimensionen wie Verkaufsgebiete, Absatzkanäle oder strategische Geschäftsfelder, die herstellungsorientierte Betrachtung hingegen nach Produkte(-gruppen).

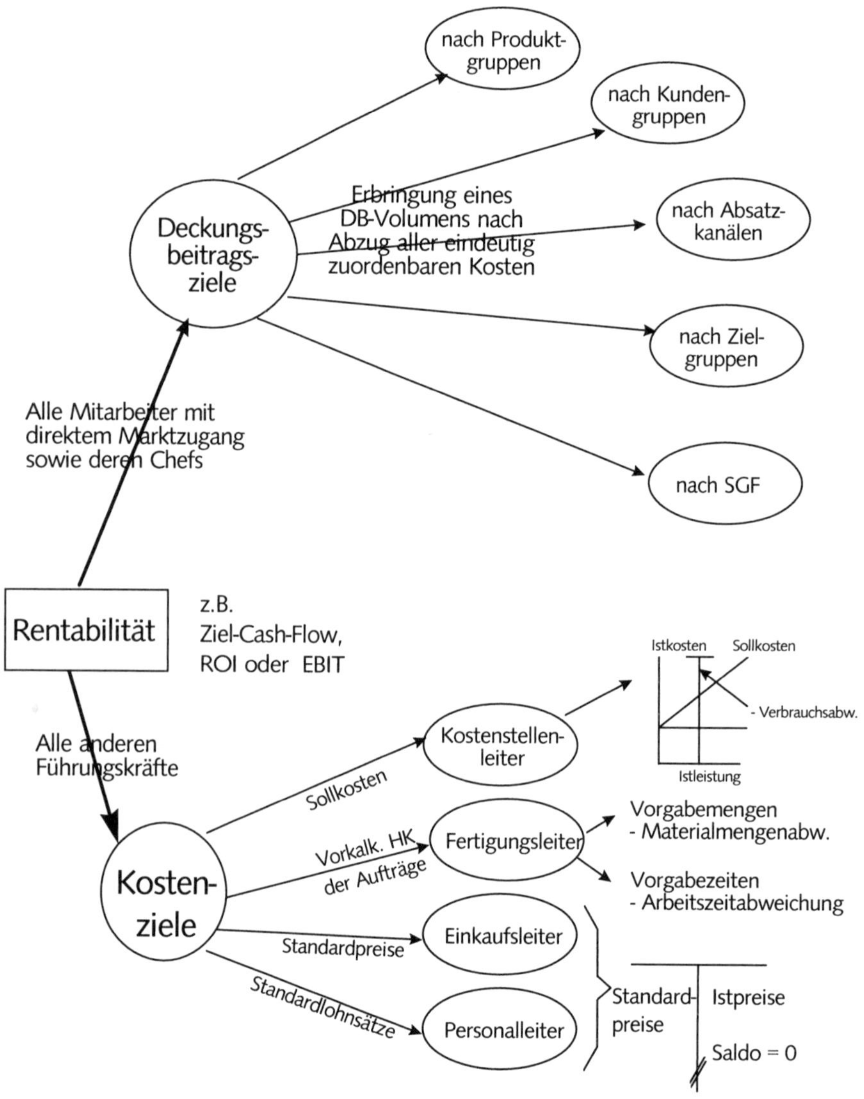

Abb. 3.7: Erreichung der Zielrentabilität mittels Deckungsbeitrags und Kostenzielen

Wird die skizzierte Methodik eingehalten, was vor allem mit der Verwendung der Management-Erfolgsrechnung gelingt, entsteht ein in sich geschlossenes, konsistentes Gesamtsystem für die kurzfristige

finanzielle Führung, in der alle Führungspersonen der Unternehmen eingebunden werden können und ihre individuellen Zielwerte im Gesamtzusammenhang wieder finden. Mit dieser Struktur kann der Erfolgsbeitrag jeder Person direkt mit Management by Objectives verbunden werden, und es wird auch erkennbar, wie sich der betriebliche Cash Flow oder der Betriebsgewinn ergeben. Mit der Umsetzung dieses Zielsystems können Controller auch einen wesentlichen Beitrag zur Verhaltenssteuerung der Führungskräfte durch Kennzahlen leisten. Indem in dieser Systematik die für den finanzwirtschaftlichen Erfolg wesentlichen Grössen zu finden sind, geschieht auch die von Weber (1996, S.198) geforderte „Entfeinerung" der Rechnungswesenauswertungen. Das Motto der Controller gilt auch hier: „So genau wie nötig, nicht wie möglich."
Beispiele zur Management-Erfolgsrechnung sind zu finden in: Deyhle, 1992, II, S. 86, Rieder/Siegwart, 1997, S. 217 ff.).

2.3 Entscheidungsrechnung

Controller sollen mit Hilfe des betrieblichen Rechnungswesens Entscheidungsunterstützung für die Führungskräfte bieten. Diese Forderung wird von Führungskräften ebenso laufend wiederholt, wie von den Controllern selber (vgl. dazu stellvertretend Küng, 1996, S. 27ff. oder Thommen, 1993, S. 115 ff.). Mit den Wert- und Leistungsdaten aus dem Rechnungswesen soll aufgezeigt werden können, ob sich eine Entscheidung rein finanzbezogen lohnen wird oder nicht.
Dazu würde eigentlich eine sehr einfache Grundregel genügen:

Welche Erlöse kommen durch die zu treffende Entscheidung dazu oder fallen weg und welche Kosten kommen durch die gleiche Entscheidung dazu oder fallen weg?

Abb. 3.8: Die grundlegende Entscheidungsregel im Rechnungswesen

Diese einfache Regel kann man für Entscheidungen ganz kurzfristiger Art genauso verwenden, wie für solche, die sich während langer Zeit auswirken werden.
Leider sind aber heute sehr viele Rechnungswesensysteme so ausgestaltet, dass die dazu notwendigen „reinen" Kosten-, Leistungs- und Erlösgrössen gar nicht gewonnen werden können. Der Grundregel kann nämlich nur genügt werden, wenn alle Kosten als Einzelkosten eines Bezugsobjektes, d.h. einer Kostenstelle oder eines Produkts (Auftrags), erfasst werden und wenn vollständig auf die Proportionalisierung fixer Kosten verzichtet wird. Dies führt automatisch dazu, die kurzfristige Erfolgsrechnung als echte Deckungsbeitragsrechnung aufzubauen. Welch immense Bedeutung die richtige Gestaltung der Ergebnisrechnung für das Treffen von Entscheidungen hat, hat Franzen (1987, S. 105 ff.) mit einem umfangreichen empirischen Experiment bewiesen. Die hauptsächlichen Ergebnisse dieser Untersuchung werden in der Folge zusammengefasst:

Entscheidungswirkungen von Voll- oder Teilkosteninformationen

Empirisches Experiment 1982/83 im Rahmen der Marketing-Games des USW Universitätsseminar der deutschen Wirtschaft.

Teilnehmende: 1'280 Personen in 256 Teams,
Durchschnittsalter 34 Jahre
60% der Teilnehmer mit Uni- oder Fachhochschulabschluss
56% Führungskräfte mit Personalverantwortung

Es waren alle Funktionsbereiche und alle hierarchischen Stufen bis zum Geschäftsführer vertreten.

Zweck des Experimentes:
Untersuchung des Entscheidungsverhaltens bei unterschiedlicher Darreichungsform der Produkteergebnisrechnung über mehrere Spielperioden.

Experimentalvariable:
Abgabe der Ergebnisrechnung je an die Hälfte der konkurrierenden Gruppen

a) als echte einstufige Deckungsbeitragsrechnung

b) als Vollkostenrechnung mit Schlüsselung der Gemeinkosten und Ausweis eines Produkteergebnisses nach Selbstkosten

Wesentliche Ergebnisse des Experiments

(nur hochsignifikante Resultate mit einer Irrtumswahrscheinlichkeit von weniger als 0.01)

- Die Aufbereitungsform der Produkteergebnisrechnung beeinflusst massgeblich das Entscheidungsverhalten der Führungskräfte.
- Die Desinformation durch geschlüsselte Gemeinkosten wird nicht erkannt.
  Dies gilt über alle Branchen hinweg sowie über alle Hierarchiestufen. Hingegen liessen sich Mitarbeiter von Unternehmen mit weniger als 1'000 Mitarbeitern signifikant stärker durch die Darbietungsform der Kosteninformation beeinflussen als Mitarbeiter grösserer Unternehmen.
- DB-Rechner tendieren nicht dazu, niedrigere Verkaufspreise abzugeben als Vollkostenrechner (gilt für regelmässige Preisbildungen ebenso wie für die Hereinnahme von Zusatzaufträgen)
- Je höher der Gemeinkostenzuschlag auf ein Produkt ist, desto höher setzen die Vollkostenrechner den Verkaufspreis an.
- Gemeinkostenzuschläge bestimmen weitgehend das Produktionsprogramm.
  Je höher die Zuschläge für ein Produkt sind, desto weniger wird davon produziert.
- Durch die hohen Gemeinkostenzuschläge auf Nachwuchsprodukte, die noch kleine Absatzmengen aufweisen, investieren Vollkostenrechner lieber in den Aufbau der Kapazitäten für alte, guteingeführte Produkte anstatt in die Förderung der neuen Produkte.
- Um die Auslastung der Produktion zu gewährleisten, tendieren Vollkostenrechner dazu, ruinöse Preiswettkämpfe mitzumachen.
- Teilkostenrechner achten auf die im Markt realisierbaren Verkaufspreise sowie auf Nachfrageelastizitäten. Sie maximieren lieber den Gesamt-DB eines Produktes als den Stück-DB.

Abb. 3.9: Entscheidungswirkungen durch die Form der Berichterstattung

Diese Erkenntnisse sind eigentlich nicht neu. Sie wurden und werden in wissenschaftlichen Publikationen immer wieder vertreten und logisch abgeleitet. Trotzdem haben wir in unserer Untersuchung des Entwicklungsstandes der Kostenrechnung in der Schweiz 1994 feststellen müssen, dass nach wie vor erst 75 Prozent der Unternehmen Ergebnisrechnungen als Deckungsbeitragsrechnungen erstellen und davon wiederum die Hälfte die Deckungsbeiträge als Erlös minus volle Herstellkosten oder Selbstkosten definieren. Echte Deckungsbeitragsrechnungen sind somit erst in etwa I der Unternehmen zu finden (vgl. Rieder, 1995, S. 38–43). Ähnliche Erkenntnisse gewannen vor kurzem Lange/Schauer (1996, S. 202–208) im Rahmen einer Untersuchung der durch Kostenrechnung in deutschen mittelständischen Betrieben mit 50 bis 1000 Mitarbeitern verfolgten Rechenzwecke. Sie haben im süddeutschen Raum 337 Betriebe befragt und dabei herausgefunden, dass zwar rund 60 Prozent der antwortenden Firmen behaupten, eine Deckungsbeitragsrechnung zu erstellen, dass aber nur rund 40 Prozent die proportionalen Herstellkosten ihrer hergestellten und verkauften Produkte ermitteln können.

Mit der Systemgestaltungsverantwortung tragen Controller auch die Verantwortung dafür mit, dass Führungskräfte mit Hilfe der ihnen zur Verfügung gestellten Zahlen richtig oder falsch entscheiden.
Es ist offensichtlich, dass Controller diese Verantwortung ernst nehmen und die Verwirklichung entscheidungsgerechter Rechnungswesensysteme mit aller Kraft durchsetzen müssen.

In den angeführten Untersuchungen wurde in erster Linie davon ausgegangen, dass die Rechnungswesenzahlen vor allem für kurzfristige Entscheidungen, das heisst für einen Zeithorizont von höchstens einem Jahr, verwendet werden. Die oben erwähnte Grundregel, bei Entscheidungen immer nach den sich durch die Entscheidung gegenüber dem Ausgangszustand ändernden Erlösen und Kosten zu fragen, kann aber genau so auch für strategische und langfristig ausgerichtete Überlegungen angewendet werden.
In strategischen Fragestellungen sollen Controller unter anderem die Frage beantworten helfen, ob die vorgesehene Strategie sich lohnen wird, also eine genügende Rentabilität abwerfen wird, und ob sie überhaupt finanzierbar ist. Ob nun diese Fragen mit einem reinen

Simulationsmodell oder unter Einbezug von Istdaten aus der operativen Kosten-, Leistungs-, Erlös- und Ergebnisrechnung beantwortet werden sollen, spielt für die Gestaltung des Entscheidungsmodells eine untergeordnete Rolle. Wichtig ist, dass auch hier unverfälschte, das heisst ungeschlüsselte Kosten- und Erlösgrössen verwendet werden. Das Entscheidungsmodell muss in der Lage sein,

- mengenabhängige Erlös- und Erlösschmälerungsgrössen,
- feste Erlösschmälerungsgrössen (z.B. Werbekostenzuschüsse),
- proportionale Kosten pro Einheit,
- auftragsspezifische Fixkosten und Sondereinzelkosten,
- Fixkostensprünge in Kostenstellen, die sich durch Kapazitätsanpassungen ergeben,
- Folgekosten pro Einheit oder in Kostenstellen (z.B. Entsorgungskosten)

einzubeziehen.

Abb. 3.10: Anforderungen an Entscheidungsmodelle zur Strategiebeurteilung

Erst auf dieser Grundlage kann die längerfristige Betrachtung über die gesamte geplante Wirkungsdauer der Strategie vorgenommen werden. Ob diese Betrachtung dann als Kostenvergleichsrechnung angestellt wird oder ob mittels einer entsprechend strukturierten Investitionsrechnung ermittelt wird, ob die Strategie einen Free Cash Flow hervorbringen werde, ändert an den benötigten Basisdaten nichts mehr. Die für die Definition des Simulationsmodells verantwortlichen Controller müssen sich somit auch hier zuerst darüber klar werden, welche Fragen mit dem Modell beantwortet werden sollen, und dann dafür sorgen, dass das Modell entscheidungsgerecht gestaltet wird.

2.4 Preisbildung

Als Verantwortliche für die Systemgestaltung sollten die Controller ihre Systeme auch für das Gebiet der Preisbildung realitätsorientiert anpassen und vor allem ihr Know-how den Führungskräften weitergeben. Es ist heute allgemein bekannt und anerkannt, dass der Markt die Preise bildet und nicht die eigene Kostenposition. Dies gilt auch für Neuprodukte, für kundenspezifisch gefertigte Produkte und mittlerweile sogar für Leistungen, die in einem monopolähnlichen Markt erbracht werden.

Trotzdem wird im Grossteil der Unternehmen heute noch die kostenbasierte Preisbildung gepflegt. So haben Lange/Schauer (ebenda, S. 204) festgestellt, dass die mittelständischen Betriebe die Preiskalkulation als den wichtigsten Rechenzweck der Kostenrechnung angeben. Dies stimmt mit Untersuchungen überein, die Simon (1995, S.16) zitiert, die in USA, Grossbritannien und Deutschland durchgeführt wurden.

Es fehlt nicht an Ideen und Modellen, wie mögliche Preise am Markt eruiert und getestet werden können, ohne dabei auf die eigenen Kosten zurückgreifen zu müssen. Diese Methoden sind zwar etwas aufwendiger in der Durchführung als die Kalkulation in der eigenen Kostenrechnung. Zudem geben sie als Resultate nur Schätzgrössen an, von denen aus dann die Führungskräfte einen Entscheid über den definitiv anzusetzenden Preis treffen müssen. Sie sind aber allemal besser für die Preisbildung geeignet als unsere gut ausgebauten Kostenrechnungen. Den Beweis dafür liefern einerseits verschiedene Industrien wie die Pharmakonzerne oder die Softwareentwickler, die ihre Preise nicht von den Kosten her rechtfertigen können und trotzdem sehr profitabel arbeiten und andererseits die heute üblichen Methoden der Preisverhandlungen mit Zulieferbetrieben für die Automobil-, Computer- und Unterhaltungselektronikindustrie. Dort wird nämlich vom potenziellen Kunden nicht mehr gefragt, was ein bestimmtes Produkt kosten wird, sondern der Kunde sagt gleich direkt, was das Produkt kosten darf und wie sich der Preis in den Folgejahren zu entwickeln habe.
Entscheidungsorientierte Controller sorgen deshalb durch Schulung und insbesondere Bereitstellung von entsprechenden Daten (in Zusammenarbeit mit der Marktforschung), Hilfsmitteln und Rechenverfahren dafür, dass die herkömmliche Preiskalkulation mit Zuschlagssätzen oder mit Deckungsbeitragszielen nicht mehr gemacht wird. Dass sie sich damit auf den richtigen Weg begeben, zeigen die heute inten-

siv geführten Diskussionen über Target Costing (Zielkostenmanagement).

Mit Target Costing soll die Frage beantwortet werden, wie viel ein bestimmtes Produkt oder eine Dienstleistung kosten darf und welchen Anteil die einzelnen Funktionen oder Teile des Produktes von diesen Zielkosten beanspruchen dürfen.

Damit werden die Anforderungen des Marktes in die Unternehmen hineingetragen anstatt die Kosten nach aussen. Dies ist eine Umkehr der Denkweise in der Kostenrechnung.

Systemgestalterisch tätig werden Controller auch dann, wenn sie Verfahren zur Transferpreisbestimmung festlegen oder mindestens empfehlen. Wenn Güter und Leistungen zwischen Gesellschaften der gleichen Firmengruppe oder eines Konzerns ausgetauscht werden, stellt sich immer die Frage, wie hoch der Transferpreis anzusetzen sei. Könnten die ausgetauschten Güter auch anderswo beschafft werden, ist die Antwort verhältnismässig einfach; der Marktpreis bestimmt den Transferpreis. Öfter kommt es aber vor, dass die ausgetauschten Leistungen nicht in identischer Form am Markt beschafft werden können. In diesen Situationen sollte der Transferpreis drei verschiedene Aufgaben gleichzeitig erfüllen:

- „Gerechte" Bewertung des Leistungsaustauschs zwischen den Gesellschaften,
- Soweit möglich Steuerung des Ortes der Gewinnentstehung nach Bilanz- oder steuerrechtlichen Gesichtspunkten,
- Anreiz zu konzernoptimalem Verhalten bieten (Maximierung des Gesamtergebnisses).

Für die ersten zwei Aufgaben sind einerseits rechtliche Aspekte massgebend und andererseits die Wünsche zur Bilanzgestaltung und zur Gewinnpräsentation. Für die Erreichung des konzernoptimalen Verhaltens soll hingegen der Transferpreis so festgelegt werden, dass sich die Entscheidungsträger in den einzelnen juristischen Einheiten so verhalten, dass sie nicht nur das eigene Resultat zu maximieren versuchen, sondern immer auch das Gesamtresultat des Konzerns. Man weiss heute, dass die drei Aufgaben mit einem einzigen Transferpreis nicht zu lösen sind (vgl. Schultheiss, 1990, S. 260). Für die Abwicklung der ersten beiden Aufgaben sind neben den rechtlichen Vorschriften Kostenwerte wie volle Herstellkosten oder Selbstkosten bestimmend. Werden Herstell- oder Selbstkosten, erhöht um einen Gewinnzuschlag oder eine Fertigungsmarge, aber als Transferpreis zur Bestimmung des betrieblichen Erfolgs der einzelnen Einheiten herangezogen, werden sich die Manager dieser Einheiten in vielen Fällen suboptimal verhalten. Erscheinen ihnen die Transferpreise der liefernden Einheit zu hoch, werden sie Aufträge in ihrem Land nicht annehmen, die eine ungenügende Differenz zwischen Verkaufserlös und Transferpreis verheissen, oder sie werden versuchen, sich das Produkt ausserhalb des Konzerns billiger zu beschaffen. Würden sie aber trotz des hohen Transferpreises konzernintern bestellen, würden vorhandene Kapazitäten besser ausgenutzt, da ja in der liefernden Einheit nur die proportionalen und eventuelle auftragsspezifische Kosten dazukämen, der Deckungsbeitrag insgesamt also grösser würde.

Aus diesem Wissen heraus sollten Controller auch für die Transferpreisbestimmung und für die Resultatmessung adäquate Systeme aufbauen und in ihrer Unternehmen durchsetzen. Für den offiziellen Transferpreis sollten sie Kontakt mit Steuerexperten suchen und die optimalen Werte, die auch legal akzeptiert sind, ermitteln. Für die Performancemessung bei den leistenden und vor allem bei den empfangenden Gesellschaften sollten sie jedoch beachten, dass nur ein System, das über alle Stufen des Konzerns nur die proportionalen Herstellkosten und die direkt durch die Aufträge ausgelösten Fixkosten weitergibt, zu einem konzernweit optimalen Verhalten der Manager führt.

Das kurze Zahlenbeispiel in Abbildung 3.11 zeigt, dass die Tochtergesellschaft in der Ausgangssituation einen Gewinn von 2'000 realisieren kann, sich dieser Gewinn aber bei einer Preissenkung von 10 Prozent in einen Verlust von 8'000 umdrehen wird (volle Herstellkosten plus Fertigungsmarge als Transferpreis). In der Folge wird die Tochtergesellschaft das Geschäft aufgeben. Dem Konzern würden dann aber total 30'000 Deckungsbeitrag fehlen, was ein Konzernergebnis von -

27'000 zur Folge hätte. Bei Messung der Tochterperformance nach Deckungsbeitragsvolumen würde das Geschäft erhalten bleiben und immerhin noch ein Gewinn von 3'000 entstehen.

Ausgangssituation	Konzern konsolidiert	Muttergesellschaft	Tochtergesellschaft Vollkosten	Tochtergesellschaft Prop. Kosten
Verkaufspreis/Stück		10.00	10.00	10.00
Volle Herstellkosten/Stück		8.00		
prop. Herstellkosten / Stück				5.00
Transferpreis mit Gewinnzuschlag 10%		8.80	8.80	
Absatzmenge		10'000	10'000	10'000
Umsatz Mutter	100'000			
		100'000		
Tochter	100'000			
		88'000	100'000	100'000
volle Herstellkosten	160'000			
		160'000	88'000	
prop. Herstellkosten				
				50'000
Verwaltung & Vertrieb	20'000	10'000	10'000	10'000
Gesellschaftsgewinne	20'000	18'000	2'000	40'000
Konzernleitung	7'000			
Konzerngewinn	13'000			

Preissenkung im Markt der Tochtergesellschaft: Allgemeine Preissenkung um 10 Prozent, alle anderen Angaben bleiben gleich

Preissenkung bei Tochter 10%		Konzern konsolidiert	Mutter-gesell-schaft	Tochtergesellschaft Voll-kosten	Tochtergesellschaft Prop. Kosten
Verkaufspreis/Stück			10.00	9.00	9.00
Volle Herstell-kosten/Stück			8.00		
prop. HK					5.00
Transferpreis mit Gewinnzuschlag 10%			8.80	8.80	
Absatzmenge			10'000	10'000	10'000
Umsatz	Mutter	100'000	100'000		
	Tochter	90'000	88'000	90'000	90'000
volle Herstellkosten		160'000	160'000	88'000	
prop. Herstellkosten					50'000
Verwaltung & Vertrieb		20'000	10'000	10'000	10'000
Gesellschaftsgewinne		10'000	18'000	-8'000	30'000
Konzernleitung		7'000			
Konzerngewinn		3'000			

Abb. 3.11: Wirkung der Transferpreisbildung auf den Managementerfolg

3. Konklusion

Wollen Controller ihrer Systemgestaltungsverantwortung gerecht werden, müssen sie dafür sorgen, dass ihre Systeme

- verantwortungs- und entscheidungsorientiert aufgebaut sind (durch vollständige Umsetzung des Konzepts der flexiblen Plankostenrechnung),
- die darin dargestellten Leistungen und Werte die Führungskräfte dazu führen, sich im Sinne der Gesamtunternehmen richtig zu verhalten (durch klare Unterscheidung beeinflussbarer und nicht beeinflussbarer Grössen in allen Rechnungen sowie durch Repräsentation der Ziele durch Zahlen im Rechnungswesen),
- die Dimensionen des Geschäftsgeschehens auch richtig abbilden: Organisation (strategisch und operativ) nach innen, Formen der Marktbearbeitung nach aussen (durch entsprechende Strukturierung der Kostenstellen, Kostenträger, Erlösträger und durch mehrdimensionale Deckungsbeitragsrechnung),
- in ihrer Gesamtheit in sich konsistent sind und die Koordination zwischen den Führungskräften fördern (durch Verwendung des Konzepts der Management-Erfolgsrechnung und konsequente Verknüpfung mit dem Prozess der Führung durch Zielvereinbarung),
- das Mass für den sinnvollen Detaillierungsgrad der Plan- und Istwerte nicht überschreiten. (Planung so detailliert wie nötig und im Ist steuerbar, so wenig Auswertungen wie möglich).

Abb. 3.12: Checkliste zur Systemgestaltung

Controller, die diese Aufgaben ernsthaft angehen und umsetzen und die Führungskräfte laufend in der richtigen Systemanwendung schulen, müssen sich nicht mehr verkaufen. Ihr Nutzen wird von den Führungskräften automatisch erkannt.

4. Literaturverzeichnis:

Baumgartner, B., Die Controller-Konzeption, theoretische Darstellung und praktische Anwendung, Bern, Stuttgart 1980

Bertschinger, P., Hallauer, P., Moser, H., International Accounting Standards in der schweizerischen Praxis, 2. überarbeitete und erweiterte Auflage, Zürich 1996

Bramsemann, R., Handbuch Controlling, München und Wien 1987.

Deyhle, A., Controller-Praxis, Band I&II, 9. Auflage, Gauting 1992

Eschenbach, R., Zukunft des Controlling, in: Controlling, 2. Aufl., hrsg. von R. Eschenbach, Stuttgart 1996, S. 715–725.

Franzen, W., Entscheidungswirkungen von Kosteninformationen, Beiträge zum Rechnungs-, Finanz- und Revisionswesen, Band 10, 2. Aufl. Frankfurt 1987.

Hill, W., Fehlbaum, R., Ulrich, P., Organisationslehre I, Bern 1974.

Horngren, Ch.T.,Cost Accounting, a managerial emphasis, 7th ed., Englewood Cliffs, 1991

Horváth, P., Controlling, München 1979.

Küng, P., Rieder, L., Anforderungen an Marketing-Controller aus der Sicht von Marketing- und Verkaufsleitern, in: Controller-Leitfaden, Teil 2, hrsg. von Siegwart,H./Rieder, L., Zürich 1994, S. 9–41.

Lange, J.U., Schauer, B.D. Ausgestaltung und Rechenzwecke mittelständischer Kostenrechnung, in: krp Kostenrechnungspraxis, 4/1996, S. 202–208, hrsg. von Männel, W., Gabler, Wiesbaden.

Rieder, L., Manager, Controlling und Controller, in: Controller-Leitfaden, Teil 2, hrsg. von Siegwart,H./Rieder, L., Zürich 1994

Rieder, L., Zwischen „Soll“ und „Ist“ im betrieblichen Rechnungswesen. Eine empirische Bestandsaufnahme. In: index, Fachmagazin Betriebswirtschaft, 4/95, S. 38–43.

Rieder, L./Siegwart, H., Das neue Brevier des Rechnungswesens, 3. Aufl. Bern und Stuttgart, 1997.

Schultheiss, L., Auswirkungen der Profit-Center-Organisation auf die

Ausgestaltung des Controlling, Diss., St. Gallen 1990
Schweitzer, M., Friedl, B., Beitrag zu einer umfassenden Controlling-Konzeption, in: Spremann/Zur, Controlling, Grundlagen - Informationssysteme - Anwendungen, Wiesbaden 1992, S. 141–168.
Simon, H., Preismanagement kompakt, Probleme und Methoden des modernen Pricing, Wiesbaden 1995.
Stoffel, K., Controllership im internationalen Vergleich, Diss., Wiesbaden 1995.
Thommen, J.P., Managementorientierte Betriebswirtschaftslehre, 4. vollständig überarbeitete und erweiterte Auflage, Zürich 1993
Weber, J., Einführung in das Controlling, 6. Aufl., Stuttgart 1995

Zukunft des strategischen und operativen Controlling

Von Jürgen Weber

Ein 10jähriges Jubiläum ist stets Anlass, nach vorne zu schauen. Dies sei in diesem Beitrag geschehen. Basis der folgenden Aussagen ist zum einen ein solides theoretisches Fundament[1]. Zum anderen fliesst Erfahrung aus umfangreicher Beratung und Schulung der Unternehmenspraxis ein. Jeder, der sich mit strategischer Planung befasst, weiss, wie unsicher der Grund wird, wenn es um langfristige Prognosen geht. Dennoch soll der folgende Beitrag alles andere als Kaffeesatzlesen sein. Versucht wird, die Analyse und Ableitung jeweils zu begründen und damit nachvollziehbar zu gestalten.

1. Status Quo der Aufgaben von Controllern: Der Ausgangspunkt

Controller und Manager sind in den meisten Unternehmen ein eingespieltes Team. Unterschiedliche Aufgabenschwerpunkte - die auch die Abbildung 1 zeigt - ermöglichen unterschiedliche Spezialisierung und damit Führungseffizienz. Abseits von Polemik (Controller als „graue Eminenzen") besitzt die Unternehmenspraxis durchweg präzise Vorstellungen darüber, was Controller leisten sollen und was nicht. Bislang ist das Aufgabenfeld der Controller eng an das Gewinnziel des Unternehmens geknüpft. Wie schon zuvor die „betriebswirtschaftlichen Abteilungen" sind Controller die fachliche Autorität, wenn es um die Bewertung in Geld geht. Dies beginnt bei einzelnen Investi-

1 Vgl. z.B. Weber, J.: Einführung in das Controlling, 6. Aufl., Stuttgart 1995; Weber, J.: Selektives Rechnungswesen, in: ZfB, 66. Jg. (1996), S. 925-946; Weber J.: "Schlanke Controller?" - Anmerkungen zur Neuausrichtung des Controller-Bereichs in Grossunternehmen, in: Der Betrieb, Heft 36, 47. Jg., 1994, S. 1785-1791.

tionsvorhaben, setzt sich fort in der Jahr für Jahr erfolgenden Planung von Kosten und Ergebnissen und deren laufenden Kontrolle und endet bei entsprechenden internen Beratungsaufgaben. Die Controllership ist stark durch diese Geldsicht geprägt:

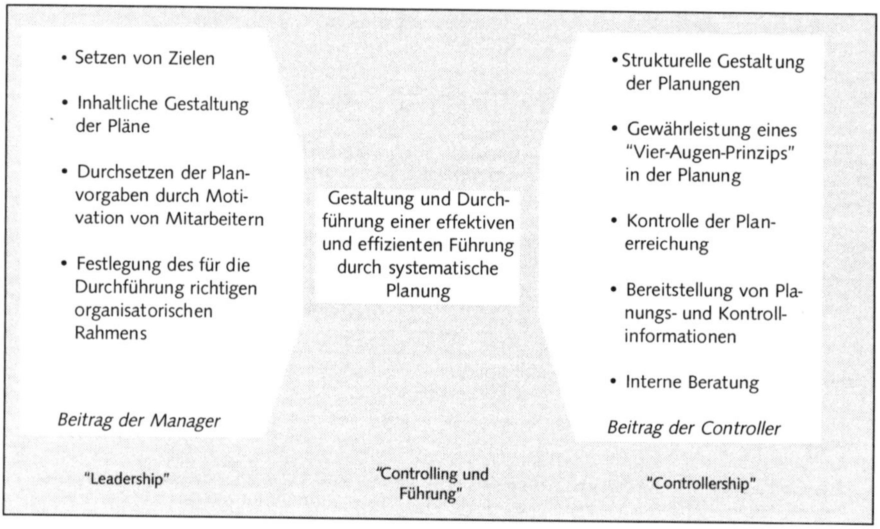

Abb. 4.1: Aufgabenteilung zwischen Management und Controllern

- Controller gestalten die Unternehmensplanung; allerdings konzentriert sich diese Aufgabe auf die Kosten-, Erlös- und Ergebnisplanung. Vorgelagerte Pläne (z.B. der Umsätze) entziehen sich häufig ihrem Einfluss.
- Controller helfen dem Management, zu besseren Entscheidungen zu kommen, indem sie Planansätze kritisch kommentieren („Advocatus diaboli"). Neben der Hinterfragung von Planungsprämissen geht es hier im Schwerpunkt um die Überprüfung der Bewertungsansätze. Mit anderen Worten: Das zweite Augenpaar der Controller wird gebraucht, weil die Manager zu wenig an die monetären Konsequenzen ihrer Ideen denken!
- Controller kontrollieren die laufende Planerreichung. Kontrollgrössen sind wiederum Kosten, Erlöse und Ergebnisse.

- Controller liefern dem Management Planungs- und Kontrollinformationen - allerdings nur solche, die in Geldeinheiten gemessen werden. Mit Mengen-, Zeit- und Qualitätsdaten haben Controller bislang wenig zu tun. Diese werden - wenn vorhanden - in der Linie erfasst. Und auch bei den Geldgrössen gibt es einen eindeutigen Schwerpunkt: Controller handeln mit Kosteninformationen; die Erlöse werden zumeist von Marketing und Vertrieb „betreut".
- In der internen Beratung sind Controller als Ökonomen gefragt. Allerdings wird ein Ökonom von nicht ökonomisch geschulten Managern häufig auf die Funktion des monetären Bewertens reduziert - und schon wieder sind wir beim Geld.

Das hinter der Aufgabenteilung von Controllern und Managern stehende Bild hat Deyhle anschaulich formuliert: „Zahlen, die betriebswirtschaftlichen Zusammenhänge und die ökonomische Logik bilden ... ein Metier für sich. ... Wie soll jetzt der 'Non-Accountant' als Manager damit umgehen können? Antwort: Zusammen mit seinem Controller"[2].

2. Neue Herausforderungen an die Unternehmen: Der Veränderungsbedarf

2.1 Herausforderungen im Überblick

Unternehmen sind seit geraumer Zeit tiefgreifenden Herausforderungen ausgesetzt. Der zentrale Treiber der Herausforderungen ist die sich immer schneller vollziehende Globalisierung der Wirtschaft. Sie löst

---

2 Deyhle, A.: Management & Controlling Brevier, Bd. I: Manager & Controller im Team, 3. Aufl., Gauting 1976, S. 37.

unterschiedliche Veränderungsbedarfe aus, die eng miteinander verbunden sind:

- Globalisierung führt zu höherem Wettbewerbsdruck und dieser zum immer schnelleren Abschmelzen von Wettbewerbsvorteilen. Die *Dynamik* steigt weiter, ebenso die Anforderungen an die Reaktionsfähigkeit und Veränderungsfähigkeit der Unternehmen.
- Erhöhte Anforderungen an die Reaktionsfähigkeit führen zur Obsoleszenz klassischer funktionaler Organisation und Spezialisierung. Erforderlich ist ein *Denken und Handeln in Prozessen und Prozessketten.*
- Erhöhte Anforderungen an die Veränderungsfähigkeit der Unternehmen führt zur Auflösung tiefgegliederter Hierarchien. Derartige Burgen sind veränderungsträge beziehungsweise -feindlich. Wer Zelte statt Burgen will, muss *dezentralisieren.*
- Globalisierung und erhöhter Wettbewerb führen beide schließlich zu einer stärkeren *Aktionärsorientierung.* Globalisierung heisst auch Übernahme internationaler Standards. Die Aktionärsorientierung (Shareholder-Focus) ist im angloamerikanischen Bereich deutlich weiter ausgeprägt als in Deutschland. Erhöhter Wettbewerbsdruck macht sich nicht nur auf Gütermärkten bemerkbar, sondern auch auf dem Kapitalmarkt. Knappes Eigenkapital ist nur dann zu gewinnen, wenn Rendite und Unternehmenswertentwicklung stimmen.

Sicher sind hiermit nicht alle Herausforderungen angesprochen. Wir wollen uns im Folgenden aber auf diese wichtigen beschränken[3].

---

[3] Vgl. zum Einfluß der Prozessorientierung auf das Controlling bzw. die Aufgaben von Controllern speziell Weber, J.: Prozessorientiertes Controlling, Advanced Controlling, Reihe: Neue Aufgabenfelder und Instrumente, Heft 1, Vallendar 1996. Zur Verbindung zwischen Shareholder Value und Controlling liegt demnächst ebenfalls ein entsprechendes Heft vor. Beide können am Lehrstuhl bezogen werden.

2.2 Konsequenzen der Herausforderungen für die klassischen Aufgabenfelder der Controller

Wie skizziert, übernehmen Controller bestimmte Aufgaben in der Planung, Kontrolle und Informationsversorgung. Auf alle drei Aufgabenfelder üben die skizzierten Veränderungen erheblichen Einfluss aus:

- Die Erhöhung der Dynamik und die zunehmende Dezentralisierung erfordern eine Rücknahme von *Planungsgenauigkeit, -umfang* und *-koordination*. Abgeschwächt gilt dies auch für die *Planungshäufigkeit*[4].
- Zunehmende Dezentralisierung verändert die Struktur der *Planungsträger*. Zentrale Planungskompetenz wird durch dezentrale substituiert. Eine analoge Entwicklung gilt für die Planungsunterstützungaufgabe der Controller.
- Die zunehmende Prozessorientierung führt ebenso zu anderen *Planungsinhalten* wie die Aktionärsorientierung[5].
- Weitgehende Dezentralisierung führt zum partiellen *Ersatz von Plänen* durch personenbezogene Führung oder interne Märkte.
- Schliesslich wird von der gestiegenen Dynamik auch das *Verhältnis zwischen strategischer und operativer Planung* sowie deren jeweiliger Koordination betroffen[6].

Derartige tiefgreifende Veränderungen der Planung können nicht ohne Konsequenzen für die *Kontrolle* bleiben. Eine nähere Analyse bestätigt dies schnell. Nur drei Beispiele:

- Reduktionen von Planungsgenauigkeit und -umfang verringern analog entsprechende Kontrollbedarfe. Zugleich verändert sich auch der grundsätzliche Charakter der

---

4 Vgl. Weber, J.: Einführung in das Controlling, S. 400.

5 Vgl. im Detail die beiden angesprochenen Hefte.

6 Vgl. ausführlich Weber, J., Goeldel, H., Schäffer, U.: Zur Gestaltung der strategischen und operativen Planung, WHU-Forschungspapier, Nr. 34, April 1996 (ebenfalls am Lehrstuhl zu beziehen).

Abweichungsanalyse: Je weniger genau geplant wird, desto mehr kommt Soll-Ist-Abweichungen der Charakter von *feed-forward*-Informationen zu; die Abweichungen dienen mehr dem Finden neuer Ziele als Veränderungen der Durchführung zur Erreichung gegebener Ziele[7].

- Werden Pläne durch persönliche Führung und/oder interne Märkte ersetzt, so verändert sich die Kontrollaufgabe der Controller: Es geht nicht mehr darum, einzelne vorgegebene (Budget-) Werte zu überprüfen; vielmehr muss die *Funktionsfähigkeit der* gewählten (weitgehenden) *Dezentralisierung* im Blickfeld sein. Wer Kompetenzen über die Vereinbarung von internen Marktpreisen abgibt, kann und darf sie sich nicht über detaillierte Kontrollen in den dezentralen Einheiten „quasi durch die Hintertür" wieder zurückholen.
- Wenn Prozessorientierung zu Mengen-, Zeit- und Qualitätszielen führt und Aktionärorientierung Discounted-Cash-flow-Ziele zur Folge hat, kommen auf die Controller ganz *neue Kontrollobjekte* zu.

Schliesslich bleibt auch die *Informationsversorgungsaufgabe* alles Andere als unberührt. „Verantwortlich" hierfür sind die Veränderungen im Planungs- und Kontrollsystem:

- Mengen-, Zeit- und Qualitätsziele verlangen entsprechende Istdaten. Controller stossen hier in vielen Unternehmen in Neuland vor, da sie ihre Informationsaufgabe – wie anfangs bereits angesprochen – bislang ausschliesslich auf monetäre Daten beschränkt sahen.
- Prozessinformation ermöglichen neue Antworten auf die alte Frage nach der optimalen Präsentationsform von Informationen. Die über der DV-Euphorie in Vergessenheit geratene Forderung von L.L. Illetschko „Besichtigen geht

---

7 Natürlich wird der Feedback-Aspekt auch bei geänderter Priorisierung noch eine wichtige Rolle spielen.

vor Berichten"[8] führt zur verstärkten Bemühung um *Visualisierung.*

- Die stark erhöhten Anforderungen an Flexibilität gehen auch an den Informationssystemen nicht vorbei. Vieles spricht dafür, dass es zu einem *„Paradigmawechsel"* kommen muss: Die Idee eines alle möglichen Auswertungszwecke gleichzeitig erfüllenden Informationssystems (einer relationalen Datenbank entsprechend) ist gegen die Idee vieler lose gekoppelter oder gänzlich getrennter Systeminseln aufzugeben, die mit mächtigen Werkzeugen schnell aufgebaut, geändert - und auch wieder aufgegeben werden können.
- Viel stärker als bislang rücken *Kapitalmarktinformationen* in den Vordergrund des Interesses (Einschätzungen von Markt- und Unternehmensrisiken, Zinshöhen usw.). Für Controller bedeutet dies ein (gänzlich) neues Aufgabenfeld[9].
- Auch aus der Dezentralisierung resultieren schliesslich potenziell Änderungsbedarfe. Dezentralisierung von Kompetenzen sollte - diesen Aspekt haben wir bereits bei der Kontrolle berührt - nicht mit einer informationsbezogenen Durchsichtigkeit der dezentralen Einheiten konterkariert werden: Der Wunsch mancher Finanzvorstände, jeden Einzelposten jeder auch noch so fernen Dépendance oder Tochtergesellschaft einsehen zu können, wirft ein ungutes Licht auf Managementfähigkeit und -verständnis der Top-Führungskräfte.

---

8 Illetschko, L.L.: Dokumentations- und Instrumentalcharakter des betrieblichen Rechnungswesens, in: Illetschko, L.L.: Management und Betriebswirtschaft, Vorträge und Aufsätze, Wien 1955, S. 25-35, hier S. 31.

9 Wenn sie für diese Informationen überhaupt zuständig werden. Die Konkurrenz der Finanzabteilung (z.B. Investor Relations) ist gross.

3. Bislang verpasste Anpassung an Veränderungen: Eine kurze Mängelliste

An dieser Stelle haben wir einen ungefähren Überblick darüber, wie weitgehend und tiefgreifend die Veränderungen sind, denen die Unternehmen und ihre Führung ausgesetzt sind. Ebenso wurde deutlich, dass der Kelch der Anpassung auch an den Controllern nicht vorbeigeht. Diese Sicht muss viele Berufskollegen hart treffen, denn Controller bildeten in den vergangenen Jahren keinesfalls die Speerspitze der Veränderung:

- Die *Kostenrechnung* – liebstes Kind der Controller – hat in der jüngeren Vergangenheit keine grundsätzliche Innovation erfahren; wenn Veränderungen erfolgten, bezogen sie sich auf die zugrundeliegende Software![10]. Trotz einiger kritischer Stimmen[11] ist der Stolz der Controller über ihre Kostenrechnung ungebrochen[12]. Selbst das international stark beachtete Buch von *Kaplan* und *Johnson* (Relevance lost. The Rise and Fall of Management Accounting, 1987) erreichte in Deutschland kein nennenswertes Veränderungsbewusstsein der Kostenrechner. Bei näherem Hinsehen wird jedoch schnell das Fahrlässige einer solchen Haltung deutlich[13].

---

[10] Vgl. Weber, J.: Stand der Kostenrechnung in deutschen Grossunternehmen - Ergebnisse einer empirischen Erhebung, in: Weber, J. (Hrsg.): Zur Neuausrichtung der Kostenrechnung. Entwicklungsperspektiven für die 90er Jahre, Stuttgart 1993, S. 257-278.

[11] Vgl. Steincke, H.: Kostenrechnung - wohin?, in: Krp, Jg. 1985, S. 13-18.; Weber, J.: Controlling der Kostenrechnung - Zur Notwendigkeit des Einsatzes von Controlling zur strategischen und operativen Ausrichtung der Kostenrechnung, in: Krp, Jg. 1990, S. 203-208.

[12] Vgl. nochmals Weber, J.: Stand der Kostenrechnung, hier S. 257-278.

[13] Vgl. ausführlich Weber, J.: Selektives Rechnungswesen.

- Die *operative Planung* wurde ebenso wenig grundsätzlich überprüft[14]. Sie konzentriert sich inhaltlich auf finanzielle bzw. formalzielorientierte Kenngrössen. Der Schwerpunkt liegt auf der Planung von Umsatz, Kosten, Absatzvolumina und den entsprechenden Ergebnisgrössen. Den operativen Treibern dieser finanziellen Resultate kommt dagegen nur eine geringe Bedeutung zu. Auf detaillierte Massnahmenplanungen zur Erreichung der gesetzten finanziellen Ziele und auf sachzielorientierte Planungen von Qualitätszielen, Servicegraden, Lieferpünktlichkeit, Auftragsbearbeitungszeiten etc. trifft man nur in Ausnahmefällen. Es ist daher nicht verwunderlich, wenn das verantwortliche Management auf Grund seiner mangelnden sachzielorientierten Planungen und seines geringen Informationsstandes über die operativen Prozesstreiber von Ergebniseinbrüchen vollkommen überrascht wird oder grundlegende Verschlechterungen der operativen Leistungsfähigkeit nicht rechtzeitig wahrnimmt. Denn die Dominanz der Formalzielorientierung in der operativen Planung versetzt das Management vieler Unternehmen in die Lage eines Fussballtrainers, der nur die Ergebnisse auf der Anzeigetafel, nicht aber das eigentliche Spiel auf dem Platz beobachtet.
- Die Controller haben die *strategische Planung* über die Zeit hinweg häufig ebenso stark formalisiert wie die gewohnte operative Planung. Oftmals unterscheiden sich die Inhalte der Pläne nur im Aggregationsgrad und in der Länge des betrachteten Zeithorizonts. Der „strategische" Charakter der Planung beschränkt sich auf die Hinzufügung eines kurzen Verbalteils, der die laufende und erwartete Geschäftsentwicklung erläutert. Ein solcher „financial bias" der Planungsinhalte sowie eine kreativitätshemmende Formalisierung und Programmierung des Planungsprozesses degradieren die in den Unternehmen

---

14 Vgl. Hamprecht, M.: Controlling von Konzernplanungssystemen. Theoretische Ableitung und betriebliche Realität führungsstrukturabhängiger Ausprägungsmuster, Wiesbaden 1996, S. 241ff.

als strategisch bezeichnete Planung zu einer langfristigen Extrapolation der operativen Planung. Eine Ausdehnung des Zeithorizonts allein, ohne eine inhaltliche Dimensionserweiterung, kann keine inhaltliche Neuorientierung der Planung bewirken. Derartig auf die Fortschreibung bestehender Programme ausgerichtete Planungskonzepte sind nicht strategisch.

- Nicht nur das Planungs-, auch das Kontrollgeschäft ist stark routinisiert. Abweichungsanalysen werden nicht selten aus dem Kostenrechnungssystem heraus erledigt. Der Blick in die Kostenrechnung („Die Gesamtkosten liegen 2,76 Prozent über Plan, weil die Personalkosten um 34.886,96 DM höher als geplant sind") ersetzt das Gespräch vor Ort („Das Fehlen von zwei Stammkräften hat zu erheblichen Überstunden der anderen geführt").
- Trotz aller TQM-, TBM- und Business-Reengineering-Bestrebungen waren und sind – wie angesprochen – Controller finanzorientiert. (Monetäre) Ergebnisse sind Gegenstand ihrer Arbeit.
- Der Controllerdienst hat den Weg vieler Zentralbereiche genommen. Bereichsinterne Karrieren und Macht sind auch für Controller keine Fremdworte!

Noch zwei weitere Vorwürfe muss man Controllern in vielen Unternehmen machen:

- Trotz aller Bemühung von Albrecht Deyhle sind Controller nur selten „Zahlenverkäufer". Sie sind zu wenig kundenorientiert. Wenn das Wort Kunde fällt, ist der externe Kunde gemeint[15]. Das Management wird nicht als Kundschaft gesehen[16], für die Kundennähe herzustellen ist.

---

15 Allerdings trifft schon hier der Vorwurf zu, Controller schauten viel zu wenig auf Märkte.

16 Dies gilt übrigens nicht nur für die Praxis, sondern auch für die Theorie. Die kürzlich an meinem Lehrstuhl vorgelegte Dissertation „Zur institutionalen Koordination der Informationsbeziehung zwischen Management und Rechnungswesen" von B. Weißenberger ist auch interna-

- Controller beherzigen für sich selbst nicht, was sie anderen predigen: Controller fordern von anderen Effizienz und Effektivität, nicht nur als Versprechung, sondern konkret in Zahlen ausgedrückt. Bislang finden sich aber nur ganz wenige Unternehmen, in denen Controller ihre eigene Wirtschaftlichkeit belegen können. Wer kennt schon die Kosten eines Monatsberichts, wer weiss schon, wie die Controllerkosten im Vergleich zu anderen Unternehmen liegen?

Fasst man die kurzen Ausführungen zusammen, so zeigt sich für *die*[17] Controller ein erheblicher Handlungsbedarf. Man hat ihnen im Zusammenhang mit ihrer Mitwirkung im Entscheidungsprozess häufig den Vorwurf eines *Bremsers* gemacht. Vielleicht - so ist als Fazit festzuhalten - sind sie dies viel tiefgreifender, als sie es selbst ahnen. Erforderlich sind grundsätzliche Veränderungen, sowohl im Bereich der strategischen als auch in der operativen Führung. Beide Teilfelder seien im Folgenden näher betrachtet.

4. Zukunft der Rolle von Controllern in der strategischen Führung: Reorganisieren und Kultivieren

Wie angemerkt, sind die Unterschiede zwischen strategischer und operativer Planung viel zu gross, um beide Planungsbereiche vom Planungsprozess her gleich zu gestalten. Strategische Planung handelt von hohen Wissensbeschränkungen des Managements. Zukunft ist unsicher, desto unsicherer, je weiter man nach vorn schaut. Operative Planung dagegen setzt auf einem breiten Fundament vorliegender Erfahrung auf. Die Wissensbeschränkungen sind deutlich geringer.

---

tional eine der ersten Arbeiten, die explizit auf Kunden-Lieferanten-Beziehungen zwischen Management und Controllern gerichtet ist.

[17] Zur Klarheit sei noch einmal explizit darauf hingewiesen, daß es hier nur um generelle Aussagen geht. Natürlich sind auch mir Controller bekannt, für die die skizzierten Mängel nicht zutreffen. Einzelfälle ändern aber nichts an der typischen Situation.

Für die *Willensbildung* bedeutet dies, dass im ersten Fall Intuition („unternehmerisches Fingerspitzengefühl") eine ungleich grössere Rolle spielt als im zweiten Fall, der stärker durch Reflexion und Rationalität geprägt ist. Auch für die *Willensdurchsetzung* resultieren Unterschiede: Für strategische Pläne gilt es, deren vageren Informationsgehalt durch entsprechende Kommunikationsformen, insbesondere face-to-face-Kommunikation – zu vermitteln, während bei operativen Plänen Zahlen und deren systemische, unpersönliche Vermittlung im Vordergrund stehen.

Diese – fast trivial erscheinde – Erkenntnis grosser Unterschiedlichkeit umzusetzen heisst, den strategischen Planungsprozess gründlich zu verändern[18]. Veränderungen müssen in zweifacher Hinsicht erfolgen:

- Bezogen auf die Planungs*inhalte* gilt es, die Übernahme von Planungsgrössen der operativen Planung deutlich zugunsten spezifischer strategischer Planungsgrössen zu verändern. Hierzu zählen z.B. strategische Erfolgsfaktoren oder „strategic intents" („Beat Xerox").
- Bezogen auf die Gestaltung des Planungs*prozesses* gilt es, Formalisierung so weit wie möglich zu reduzieren, sie auf ein Mindestmass zu beschränken. Zwar kommt der Controller nicht umhin, ein grobes Terminraster zu legen; ansonsten wäre z.B. keine Verbindung zum Planungskalender der operativen Planung möglich. Eine starke Reglementierung von Planungsmasken, Planungsinhalten und eine starke Quantifizierung der Planungsinhalte wird dem Charakter der strategischen Planung nicht gerecht, lässt sie schnell zur Form mit bedeutungslosem Inhalt degenerieren[19].

---

18 Vgl. ausführlich die gerade vorgelegte Dissertation von Goeldel, H.C.: Zur Gestaltung der Planung. Konzeptioneller Ansatz und Fallstudien, Diss. Vallendar 1996.

19 Wer die Unternehmenspraxis näher in Hinblick auf die strategische Planung untersucht, wird schnell mit einem Paradoxon konfrontiert: Auf der einen Seite gilt sie als seit langem bewährt; alle in der Literatur vorgeschlagenen Instrumente werden angewendet. Auf der anderen Seite trifft man sogleich auf viele Führungskräfte, denen die formulier-

Besondere Aufmerksamkeit ist dabei dem Verhältnis zwischen dem Planungsbeitrag des Top-Managements und dem des Managements der dezentralen Einheiten zu schenken. Soll die strategische Planung zu einem konkreten strategischen Wandel des Unternehmens führen, sind zwei Bedingungen zu erfüllen:

- Zum einen müssen die Zentrale und die dezentralen Manager über einheitliche Ziele verfügen beziehungsweise die Unternehmensziele einheitlich interpretieren. Werden strategische Ziele auf Basis unterschiedlicher Wahrnehmungen über die Unternehmenslage oder ohne Berücksichtigung der Einschätzungen der untergeordneten Führungsebenen und dezentralen Einheiten entwickelt, so werden sie sich später automatisch als nicht durchsetzbar erweisen.
- In engem Zusammenhang hierzu steht zum anderen die Notwendigkeit, die strategische Planung aus markt- und kundennahen Informationen sowie unter Berücksichtigung erster „schwacher Signale" aufzubauen. Wird die strategische Planung ohne Berücksichtigung derartiger Informationen erstellt, so besteht die Gefahr, dass wesentliche Umfeldveränderungen oder Marktentwicklungen nicht berücksichtigt werden.

Eine erfolgreiche strategische Planung bedingt also – von Unternehmen mit sehr überschaubarem, homogenem Geschäft abgesehen – einen offenen, hierarchie- und einheitenübergreifenden Informationsaustausch. Die mit der strategischen Planung beschäftigten Führungskräfte müssen Informationen von aussen akquirieren und gleichzeitig den Stand ihrer Überlegungen kontinuierlich nach innen kommunizieren. In letzter Konsequenz führen diese beiden Bedingungen dazu,

---

ten strategischen Pläne alles andere als wichtig sind. Sie gelten als blosse Absichtserklärung des obersten Managements ohne Verbindlichkeitsanspruch („Strategisch ist man halt nie vor Überraschungen gefeit"). Ausreden zu erfinden, warum eine Strategie nicht geklappt hat, ist nicht schwer. Bei näherem Hinsehen erweist sich strategische Planung in vielen Unternehmen als nichts anderes als ein Potemkinsches Dorf.

dass strategisch immer von denen zu planen ist, die die Pläne später auch in die Realität umsetzen müssen. Das heisst, die Unternehmensleitung und die leitenden Mitarbeiter in der Linie müssen die strategische Planung gemeinsam erstellen. Wichtig ist dabei, dass die Rolle der Linienmanager über die reine Datenbeschaffung hinausgeht. Sie sollen und müssen aktiv am kreativen Planungsprozess und an den abschliessenden Planungsentscheidungen partizipieren. Nur so kann sicher-gestellt werden, dass die Wertvorstellungen, die Ideen und die Erfahrungen aller Unternehmensbereiche in der strategischen Planung zusammenfliessen. Die strategische Festlegung ist eine echte Führungsentscheidung, die von allen Führungskräften getroffen werden muss und nicht alleine von einer reinen Stabsstelle oder im Konzern vom Mutterunternehmen übernommen werden kann.
In der Unternehmensrealität – so unsere Erfahrungen – wird auf diese hohe Bedeutung intensiver Kommunikationsprozesse zu wenig Rücksicht genommen. Wie aber soll sichergestellt werden, dass die dezentralen Manager die Entscheidungen hinsichtlich der zukünftigen Ressourcenausstattung und Ausrichtung ihrer Geschäftsfelder mittragen, wenn sie nicht an der entsprechenden Entscheidung beteiligt waren oder – schlimmer noch – nicht einmal über die Beweggründe für die getroffene Entscheidung informiert werden?
Hinzu kommt, dass sich die Unternehmensspitze bei einer „einsamen", zentralen Erstellung der strategischen Planung von der Unternehmensrealität abkoppelt. Ohne eine aktive Einbeziehung der Linienmanager kann die Vollständigkeit und Richtigkeit der Informationsbasis der strategischen Planung nicht sichergestellt werden. In der Folge schwebt die Unternehmensleitung in strategischen Wolken, während die Linienmanager – ohne Wissen des Spitzenmanagements – im Regen des Tagesgeschäfts stehen. Ein solches Vorgehen hat keinerlei Aussicht auf einen Umsetzungserfolg in der täglichen Praxis – und nur dort realisieren sich Strategien, nirgendwo anders.
Was kommt ergo auf die Controller zu? Sie müssen die Kraft zu einer sehr tiefgreifenden Veränderung der strategischen Planung aufbringen! Die Erfahrung zeigt, dass sich die Linie dieser Aufgabe anscheinend nicht annehmen will. Derjenige, der für Management und Gestaltung der *operativen* Planung zuständig ist, sollte deshalb auch die – dringend erforderliche – Initiative in der *strategischen* Planung ergreifen.

Zentraler Erfolgsfaktor für das Gelingen der strategischen Planung ist ihre Gestaltung als ein stark *selbstabstimmungsorientierter Prozess*[20]. Nur ein solches weitgehend unhierarchisches, von den Planungsträgern und der Planentstehung her unspezifiziertes Vorgehen ermöglicht die erforderliche Kreativität. Mit Selbstabstimmungsprozessen haben Controller zumeist wenig Erfahrung. Feste, geregelte Abläufe sind ihnen weit geläufiger. Damit ihnen bei der Gestaltung der strategischen Planung deshalb keine schwerwiegenden Fehler unterlaufen, seien im Folgenden einige Gestaltungsempfehlungen - quasi als eine Art Checkliste - aufgeführt:

- Selbstabstimmungsprozesse binden möglichst umfassend dezentral an den unterschiedlichsten Stellen der Hierarchie vorhandenes Wissen ein. Dennoch kann der Prozess rein „basisdemokratisch" nicht funktionieren. In geeigneter Weise hat die Unternehmensleitung gewisse „Leitplanken" vorzuformulieren, die Bezugspunkte der selbstabgestimmten Planung sind. Das Verhältnis zwischen der Richtungsgebung dieser „Leitplanken" und der notwendigen Offenheit für neue Entwicklungen ausgewogen zu gestalten, ist eine hohe Kunst.
- Selbstabstimmungsprozesse setzen eine übereinstimmende (gleiche) Grundeinstellung aller Beteiligten voraus. Diese liegt am ehesten dann vor, wenn ein Unternehmen über intakte Werte und Normen verfügt[21].
- Selbstabstimmungsprozesse erfordern Commitment und Offenheit aller Beteiligten. Führungskult und Charisma sind damit ebenso nicht vereinbar wie eine starke Zentralisierung der Entscheidungswege.
- Selbstabstimmungsprozesse sind als Formen organisationalen Lernens zu verstehen und zu gestalten. Planung wird zum kreativen Entdeckungsverfahren. Mit vorgefertigten Meinungen einzusteigen, ist ebenso schädlich, wie ein „Spinnen" als per se unprofessionell abzulehnen.

---

20 Vgl. zur Koordination durch Selbstabstimmung ausführlich Schäffer, U.: Controlling für selbstabstimmende Gruppen?, Wiesbaden 1996.

21 Vgl. zum Themenkreis Werte und Normen und ihrer Bedeutung für das Controlling: Weber, J.: Einführung in das Controlling, S. 61–68.

- Selbstabstimmungsprozesse basieren auf dem Informationsreichtum von face-to-face-Kommunikation. Strategische Planung im stillen Kämmerlein zu machen und mittels Papier oder DV-System unter den Planern auszutauschen, geht fehl.
- Selbstabstimmungsprozesse leben davon, in einem geeigneten Kontext abzulaufen, aber nicht im Detail vorbestimmt zu sein. Formalisierung des Rahmens mit Freiheit für den im Rahmen ablaufenden Prozess zu verbinden, ist hohe Kunst und Voraussetzung für die Effizienz von Selbstabstimmung[22].
- Selbstabstimmungsprozesse sind zeitintensiv. Zeitdisziplin ist erforderlich, mehr als ein grober Zeitrahmen hinderlich. Das soeben aufgezeigte Spannungsverhältnis gilt hier analog[23].
- Selbstabstimmungsprozesse führen zu verbal und quantitativ formulierten Ergebnissen. Diese sind aber nur „die Spitze des Eisbergs". Der grösste Teil des gebildeten strategischen Willens ist implizit. Auf die Konsequenzen für die Durchsetzung der strategischen Pläne sind wir schon kurz eingegangen.

Betrachtet man diese Liste von Statements, so wird die Berechtigung der getroffenen Aussage deutlich, die Gestaltung der strategischen Planung bedeute für viele Controller, Neuland betreten zu müssen. Schnell könnte dann der Vorwurf erhoben werden, hierfür seien doch andere Stellen im Unternehmen zuständig, etwa die Organisationsabteilung. Unsere Erfahrungen in der Praxis belegen jedoch, dass Controller hier keinesfalls Gefahr laufen, anderen etwas wegzunehmen: Die Gestaltung der strategischen Planung ist in vielen Unternehmen ein weisses Feld[24].

---

22 Zu viel Form tötet die Kreativität, zu wenig Rahmen führt zum Kollaps im Chaos.

23 Keine zeitlichen Vorgaben führen schnell zum Debattierclub, zu enge Restriktionen zu strategischen (Planungs-)Papiertigern.

24 Vgl. nochmals Hamprecht, M.: Controlling von Konzernplanungssystemen, S. 276ff.

Das zentrale Argument, das für die – dringend erforderliche – Wahrnehmung dieser Aufgabe durch Controller spricht, ist die Notwendigkeit, die strategische Planung mit der operativen Planung zu verkoppeln. Hier besteht in der Unternehmenspraxis ein eklatanter Mangel[25]. Nur selten trifft man auf funktionierende Verknüpfungen, wie sie die *Abbildung 2* zeigt. Ohne eine funktionierende Verbindung bleibt die strategische Planung aber im Bereich des Unverbindlichen verhaftet.

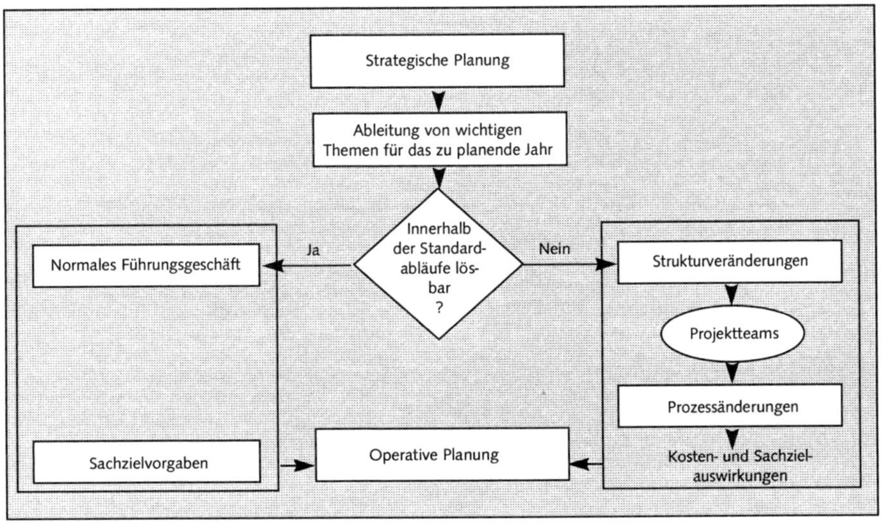

Abb. 4.2: Gelungenes Beispiel einer Verbindung der strategischen und der operativen Planung

25 Vgl. ausführlich Goeldel, H.: Zur Gestaltung der Planung.

5. Zukunft der Rolle von Controllern in der operativen Führung: Vom Zahlenhandwerker zum Management Consultant

Controller sind im Tagesgeschäft stark zahlenorientiert („Zahlenknecht"). Das Rechnungswesen und dessen Bezug auf Planung und Kontrolle dominiert ihren Aufgabenbereich. Wie ebenfalls skizziert, kann es bei dieser traditionellen Ausprägung der Controllership nicht bleiben. Die genannten Veränderungen führen zu einem erheblichen Anpassungsbedarf der Führungsstrukturen in den Unternehmen. Davon ist kein Führungsbereich ausgenommen.

Damit das gewohnte Führen über Ziele als Kern des Controlling weiter effizient und effektiv funktionieren kann, bedarf es folglich einer laufenden Überprüfung und Neugestaltung der Planung, Kontrolle und Informationsversorgung ebenso wie der Organisation und der Personalführung (vgl. im Überblick die Abbildung 3). Schliesslich kann der Grad der Veränderungsbedürftigkeit so gross werden, dass auch die Werte und Normen (Wertesystem) des Unternehmens betroffen sind. Damit kommen immer mehr Controller zu einer Erkenntnis, die in der Theorie des Controlling schon seit geraumer Zeit diskutiert wird[26]: Es reicht nicht mehr aus, möglichst gute Zahlen zu präsentieren, daneben die Planung und die Kontrolle in ihrem Zusammenspiel zu optimieren, wenn nicht zugleich der richtige organisatorische Rahmen vorliegt und richtige Anreize für die Mitarbeiter gesetzt werden. Kurz: Wer die Führung unterstützen will, muss dies für die gesamte Führungsaufgabe in Angriff nehmen, darf sich nicht auf kleine - wenn auch wichtige - Ausschnitte davon beschränken.

---

26 Zumindest von einigen Vertretern des sog. „koordinationsorientierten Controllingbegriffs". Hierzu zählen neben dem Autor dieses Beitrags insbesondere Eschenbach und Küpper.

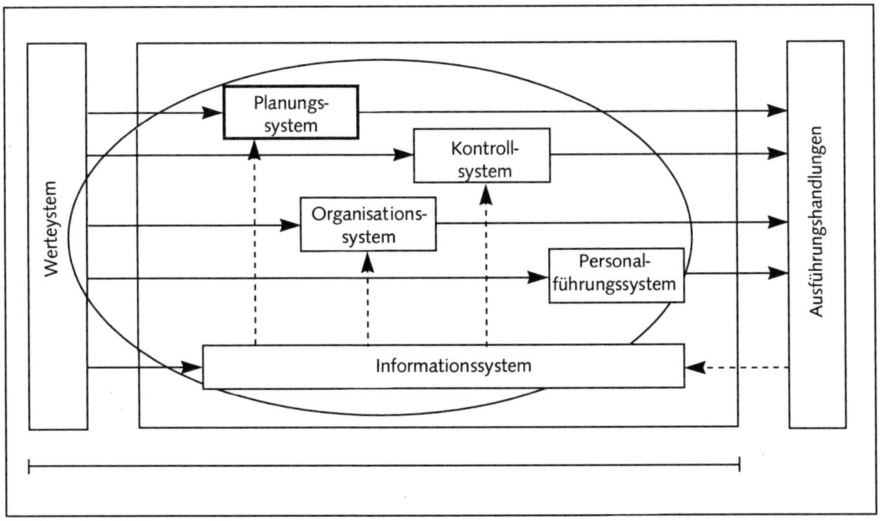

Abb. 4.3: Controller müssen sich in Zukunft mit allen Führungsthemen beschäftigen!

Wie wichtig eine solche erweiterte Sicht ist, zeigt ein kurzer Blick auf die derzeitigen massiven Führungsprobleme des Managements[27]

- *Veränderung gewohnter Führungssysteme*: Keiner der etablierten Teilbereiche der Führung bleibt ungeschoren. Die Planung muss - will sie der geforderten Dynamik gerecht werden - schlanker werden; Gleiches gilt für die so bewährte Kostenrechnung als Informationsbasis. Für Kontrollen gilt übertragen der Satz des TQM: Fehler vermeiden statt sie durch Kontrollen aufzuspüren. Die Organisation wird flacher und weniger bürokratisch, und auch die Personalführung hat sich neue Lösungen einfallen zu lassen (z.B. Anreize in Gruppenstrukturen).
- *Koordination der Veränderungen in der Führung*: Wenn sich all diese Führungsbereiche deutlich verändern: Wer trägt Sorge dafür, dass sich nicht ein unabgestimmtes,

[27] Entnommen aus Weber, J.: Controllingbilder: Der Controller als Navigator, Hofnarr oder Architekt? in: Gablers Magazin, Jg. 1996, Heft 10, S. 26-31.

holprig und ineffizient funktionierendes Ganzes ergibt? Führung als Kunst des Stimmigmachens ist gefragt. Diese Anforderung zählt nicht zum Standardaufgabenkatalog heutiger Manager!

- *Management neuer Zielgrössen*: Kosten, Erlöse, Dekkungsbeiträge und Gewinne – dies sind die gebräuchlichen Grössen, nach denen das Management ein Unternehmen steuert; zumindest dachten stets die Controller so. Insbesondere in den operativen Einheiten „vor Ort" konkurrierten diese Werte aber schon seit langem mit unmittelbareren, direkt auf das jeweilige Geschäft bezogenen Mengen-, Zeit- und Qualitätsdaten. TQM, Prozessorganisation und ähnliche Ansätze holen diese Grössen nun aus dem Zwielicht des Amateurhaften ins Rampenlicht der hohen Managementkunst. Gerade unter Nutzung dieser Daten die monetären Ergebnisse zu optimieren, stellt eine neue Herausforderung an Controller wie Manager dar.
- *Führen in neuen Führungsformen*: Grossunternehmen sind es gewohnt, detailliert und flächendeckend zu planen („Planungsbürokratie"). Controller finden hier den wesentlichen Grund ihres Daseins, indem sie die Planaufstellung begleiten und die Planerfüllung kontrollieren. Diese stark ausgebaute Planung kommt aktuell unter Beschuss. Profit Center-Konzepte mit frei aushandelbaren Verrechnungspreisen werden postuliert, es ertönt das Lied vom „Unternehmer im Unternehmen", Teamorientierung wird gefordert. All diese Entwicklungen machen Pläne zu einem gehörigen Teil obsolet. Allerdings stellt sich die Frage nach Integration weitgehend selbstständig geführter Einheiten neu und nicht weniger drängend.
- *Management neuer Unternehmensformen*: Das Unternehmen ist tot, es lebe das virtuelle Unternehmen! Das klassische Denken als eigenständig in Märkten agierende Einheiten hat immer mehr ausgedient. Die Sicht von Wertschöpfungsketten, Entwicklungspartnerschaften, Produktionsnetzwerken, von informellen Kooperationsfor-

men zwischen Hierarchie und Markt beherrscht die Szene. In der betriebswirtschaftlichen Theorie bildet sich hier ein ganz neues Arbeitsfeld heraus; entsprechend fehlen bislang bewährte Instrumente oder abgesicherte Erkenntnisse. Die Praxis muss sich damit selber helfen. Auch die Controller sind gefordert, derart neue Formen unternehmerischer Tätigkeit führbar zu machen bzw. zu halten.

Betrachtet man diese Veränderungen in der Gesamtschau, so wird schnell deutlich, dass es zu grundlegenden Umwälzungen in der Führung kommt, die sich nicht mit kleinen Anpassungsschritten bewältigen lassen. Jeder, der heute versucht, möglichst viel Bewährtes zu bewahren, muss sich den Vorwurf gefallen lassen, Zeit für notwendige Veränderungsprozesse zu vergeuden. Zero-Base-Denken ist gefordert; die Zeit zögerlicher, inkrementeller Anpassung ist vorbei. Das Management muss neue Rollen übernehmen - und dies gilt auch für die Controller.
Gefordert ist damit der Controller als Management-Consultant. Die Zeiten des Zahlenhandwerkers sind vorbei - mit oder ohne Controller!

6. Fazit: Versuch einer Prognose

Anfangs haben wir die fünf traditionellen Aufgabenbereiche von Controllern diskutiert. Sie sollten abschliessend Basis dafür sein, die anstehenden Veränderungen für die Controller im Sinne einer kurz gefassten Prognose zusammenzufassen.

- *Strukturelle Gestaltung der Planung*: Erhebliche Veränderungen sind sowohl auf der strategischen wie der operativen Ebene erforderlich. Strategisch geht es darum, die bisherigen Planungsstrukturen tiefgreifend zu verändern. Der Status quo erweckt in vielen Unternehmen nur den Anschein einer Leistungsfähigkeit, ohne über formale Fingerübungen wesentlich hinauszugehen. Eine wirkungsvolle strategische Planung setzt die Beherrschung von Selbstabstimmungsprozessen voraus. Hier und in der Verbindung zum programmgesteuert ablaufenden Prozess der operativen Planung liegen die wesentlichen Herausforderungen an die Controller.

- Im Bereich der operativen Planung sind die gewohnten ergebnisbezogenen Planungen zu entfeinern, weniger detailliert in sachlicher und zeitlicher Hinsicht zu gestalten. Die Entfeinerungsaufgabe bedeutet für die Controller ein wichtiges konzeptionelles Aufgabenfeld. Gleichzeitig gewinnen sachzielbezogene Planungen an Bedeutung. Hier sind insbesondere Zeit- und Qualitätsplanungen zu nennen. Kunst der Controller wird es sein, diese Sachziele und Ergebnisziele systematisch zu verknüpfen. Von hoher Qualität allein kann ein Unternehmen nicht leben. Der Kunde muss sie ihm auch bezahlen.

- *Vier-Augen-Prinzip in der Planung*: An dieser Stelle ist kein signifikanter Veränderungsbedarf zu erkennen. Fehleinschätzungen des Managements – z.B. aus Gruppeneffekten heraus – können bei Qualitätsoffensiven ebenso auftreten wie bei der Bewertung der Erfolgsträchtigkeit eines Marktes.

- *Kontrolle der Planerreichung*: Stimmen die vorgebrachten Argumente, so werden Manager zunehmend die Kontrollaufgaben von den Controllern übernehmen. Finanzielle Grössen können immer leichter Standardsystemen entnommen werden. Zeit- und Qualitätsgrössen stammen zudem zumeist aus dezentralen Systemen, zu denen für den Manager deutlich geringere Zugangsbarrieren bestehen als zu der selbst für Controller heute zuweilen kaum durchschaubaren Kostenrechnung. Strategische Kontrollen werden schliesslich am besten von denen durchgeführt, die die strategischen Pläne gemacht haben; so werden Informationsverluste in der interpersonellen Kommunikation vermieden.
  Der Controller sollte aber an dieser Stelle nicht arbeitslos werden; er könnte sich zum Beispiel darauf stürzen, herauszufinden, wie es gelingt, Abweichungen erst gar nicht

entstehen zu lassen. Ein solches Vorgehen ist in der Produktion im Rahmen von Lean-Production-Konzepten bekannt.

- *Informationsbereitstellung*: Die angesprochenen Veränderungen führen zu einem starken Rückgang der Bedeutung der Kostenrechnung. Für Controller wächst auf dem Bereich der Mengen-, Zeit- und Qualitätsdaten vermutlich kein neues Arbeitsfeld nach, da diese Daten traditionell von der Linie selbst erfasst und gepflegt werden. Allerdings bedeutet dies keine völlige informationsbezogene Arbeitslosigkeit für die Controller. Ihre Aufgabe wird es sein, ständig die Adäquanz und Güte der zur Führung verwendeten Informationen zu hinterfragen – eine Rolle, die die Controller im Bereich der Kosten zu lange vernachlässigt haben.
- *Interne Beratung*: Hier sehen wir das Gebiet vor uns, das im Rahmen der skizzierten Veränderungen das höchste Wachstumspotenzial verspricht. Die betriebswirtschaftlichen Anforderungen an das Management im Rahmen des Umgestaltungsprozesses sind derart hoch, dass sie die Dienste eines Controllers als Management Consultant gut gebrauchen können; hoffen wir, dass der Controller den hohen Anforderungen entsprechen kann!

Was lässt sich als Fazit festhalten? Keinesfalls muss man der für Controller zuweilen geäusserten, so düsteren Vision folgen, das beste Controlling sei das ohne Controller. Aber es gilt auch: Viele und falsch ausgerichtete Controller sind die beste Voraussetzung, dieser fehlgehenden Vision zum Durchbruch zu verhelfen!

Das Instrumentarium des Controllers im Jahre 2006

Von Péter Horváth

1. „Megatrends, auf denen der Controller 'draufsitzt" (A. Deyhle 1992)

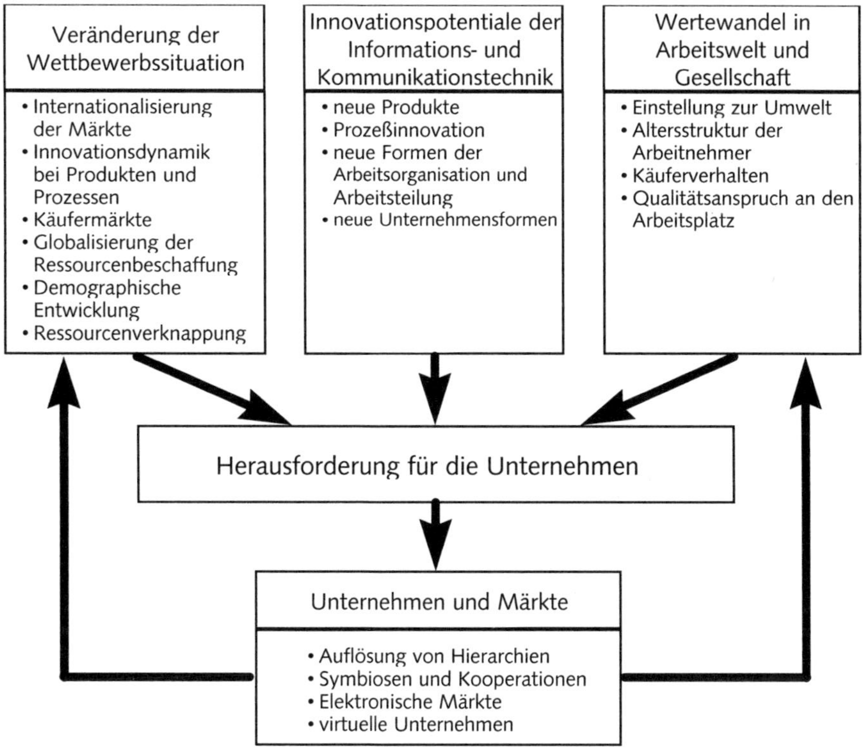

Abb. 5.1: Dimensionen des Strukturwandels (vgl. Picot, Reichwald, Wigand 1996, S. 3)

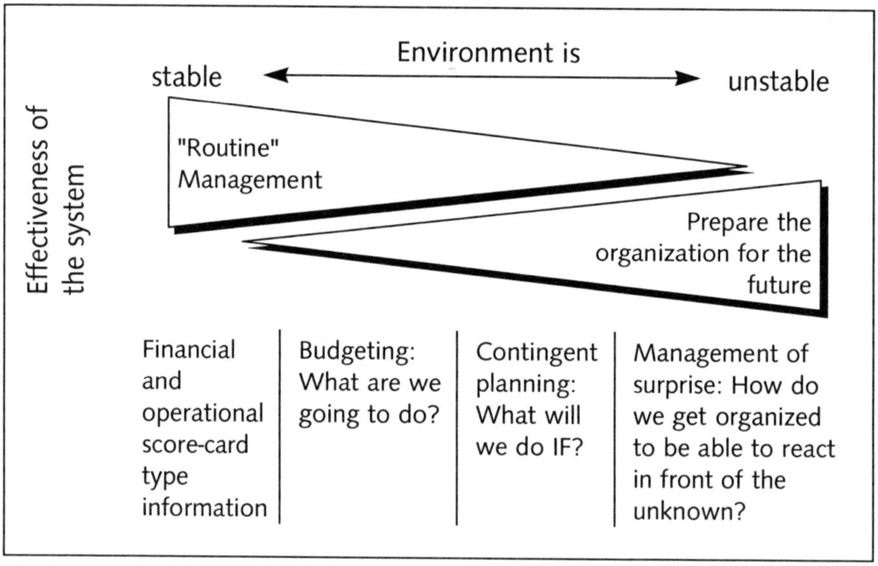

Abb. 5.2: Managementinstrumentarium im turbulenten Umfeld (vgl. Lebas 1994, S. 46)

Die aktuelle Gestalt der Controllingfunktion und der Aufgaben des Controllers („Controllership") sind eine Antwort auf Herausforderungen an die Unternehmen. Diese Herausforderungen sind gewaltig und zwingen die Unternehmen, ihre Führungsstrukturen und das Führungsinstrumentarium neu zu gestalten. Abb. 1 zeigt einen guten Überblick der Dimensionen des Strukturwandels. Die Turbulenzen des Wandlungsprozesses zwingen auch den Controller, sein Instrumentarium den geänderten Verhältnissen anzupassen (vgl. Abb. 2). Dies ist, glaube ich, nicht nur ein instrumentelles Problem, sondern auch ein mentales, sowohl für den Controller als auch für seine Kunden.

Mein Vortrag hat sich zum Ziel gesetzt, ein Panorama des Controllerinstrumentariums im Jahre 2006 zu entwickeln. Es sollen auch die Entwicklungslinien dorthin aufgezeigt werden.

Ich gehe dabei von zwei Hypothesen aus:

- Das, was in zehn Jahren State of the Art sein wird, ist heute bereits angelegt, d.h. publiziert und bei Spitzenunternehmen zu „besichtigen".
- Die sich abzeichnenden Entwicklungen lassen sich nicht aufhalten. Die Chance besteht darin, sie zu steuern und zu nutzen.

Ich will wie folgt vorgehen:

- Zunächst werde ich die Haupttrends im Tätigkeitsfeld des Controllers beschreiben;
- dann folgt der Ausblick auf das veränderte Instrumentarium des Controllers;
- schliesslich einige Überlegungen zum Thema, wo die Schwerpunkte der Controllerarbeit 2006 liegen werden.

2. „Look out, Management Accountants!" (R. Cooper 1996a und 1996b)

Robin Cooper hat kürzlich in der Zeitschrift „Management Accounting" die erwarteten Auswirkungen neuer Instrumente auf den Berufsstand aufgezeigt.

„Look out" ist hier doppeldeutig zu verstehen. Einerseits geht es darum, Ausschau zu halten, andererseits beinhaltet der Ausdruck einen warnenden Hinweis. Vorsicht, aufgepasst! Bevor wir über Instrumente im Einzelnen sprechen, müssen wir die Veränderungen im Controlling (d.h. hier Controllership) insgesamt aufzeigen. Ich meine, sie sind heute bereits klar erkennbar. Mit einem Schlagwort formuliert, geht die Entwicklung nach Cooper in die Richtung: „Mehr Controlling mit weniger Controllern!" Ich sehe dies genauso. Seine Überlegungen gehen dahin, dass die bisher zentralen Aufgaben des Controllers auf dem Gebiet des internen Rechnungswesens in der Zukunft vorrangig von den Managern selbst wahrgenommen werden, weil sie untrennbar in den Managementprozess eingebunden sind. Target Costing, Kaizen Costing und Prozesskostenmanagement lassen sich eben nicht von

Produkten und Prozessen trennen. Für die verbleibenden innovativen Aufgaben auf dem Gebiet des Controlling wird man wenige, aber sehr hoch qualifizierte Controller benötigen.

Cooper schreibt:

> „As management accounting is decentralized to support cost management programs, the importance of management accounting function will lessen. This process already has begun at many major American firms such as AT&T, GM, HP and Motorola where the management accounting functions have been decreased by more than 50% in recent years. And there is no reason to suspect that the downsizing is complete. One only has to look at the management accounting function in Japanese firms to see how far the downsizing can go." (Cooper 1996b, S. 38)

Ich sehe noch zwei weitere Trends, die die Zahl der im Finanz- und Rechnungswesen Beschäftigten weiter radikal kürzen werden. Durch den weiteren Anstieg des Einsatzes der Informationstechnologie und durch den zunehmenden Outsourcingprozess auch im Bereich des Controlling wird eine weitere Reduzierung erfolgen. Amerikanische Autoren sehen hier eine dramatische Entwicklung:

> „By the year 2000, the financial function had been largely transformed, actually reduced in size to about 30% of its peak." (Keegan, Portik 1995, S. 25)

Wir müssen uns mit dem Gedanken befreunden, dass im Bereich des Finanz- und Rechnungswesens sowie des Controlling das Outsourcing weit über die Aufgaben der Massendatenverarbeitung hinausgehen wird (vgl. Abb. 3).

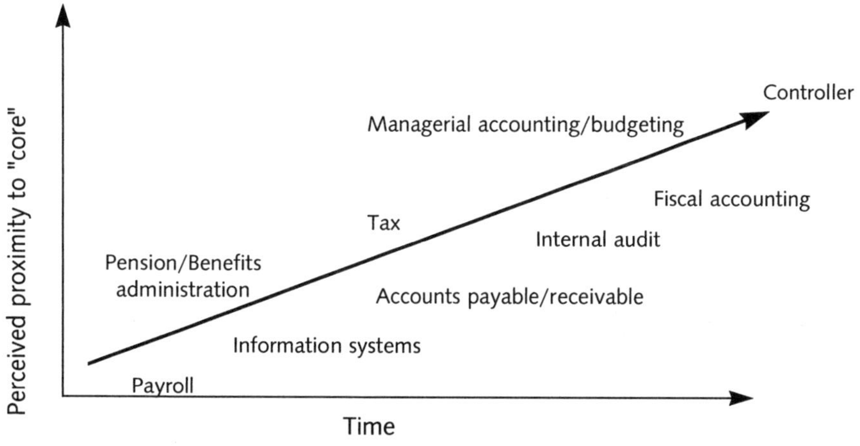

Abb. 5.3: The evolution of financial function outsourcing (vgl. EIU 1995, S. 6)

Nachdem ich über die Aspekte „weniger Controller" gesprochen habe, nun zum Thema „mehr Controlling": Die Funktion des Controlling hat in den siebziger Jahren mit dem Aufkommen des strategischen Controlling einen ersten grossen Evolutionssprung erlebt (vgl. Mann 1992). Hier wurde dem eher intern orientierten Blick des operativen Controlling der nach aussen gerichtete Blick des strategischen Controlling hinzugefügt. Nunmehr geht es darum, diese beiden Blickwinkel miteinander zu verbinden. Der nächste Evolutionssprung, der uns noch bevorsteht, ist der zum „vernetzten Controlling" (Mann 1992). Der Controller des Jahres 2006 wird im Sinne dieser Vernetzung der Dreh- und Angelpunkt des Kommunikationsprozesses (vgl. Abb. 4). Er wird viel stärker in den Managementprozess integriert sein, als er es heute ist.

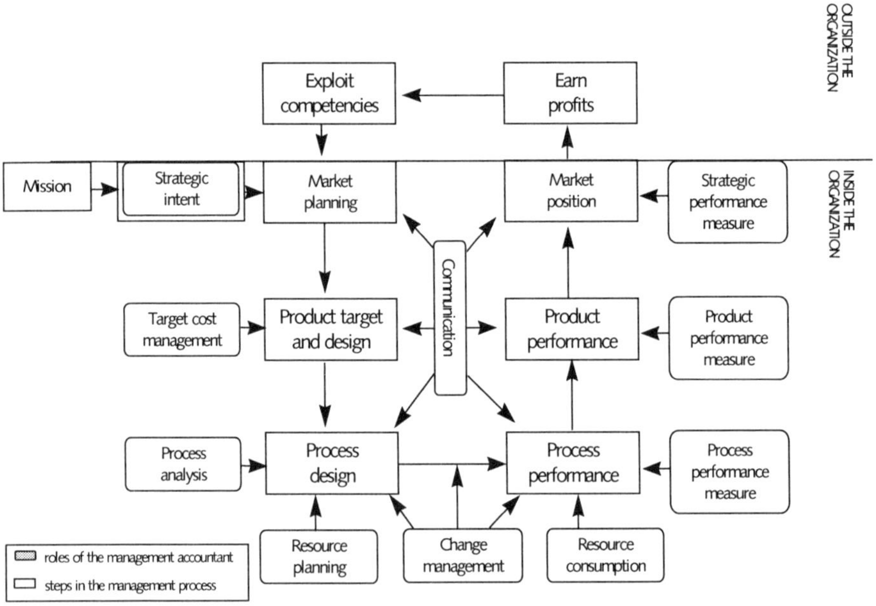

Abb. 5.4: Der Controller wird der Dreh- und Angelpunkt des Kommunikationsprozesses (vgl. Lebas 1994, S. 51)

3. „Facilitator, teacher, estimator, and analyst." (McNair 1995)

Der amerikanische Autor McNair zitiert 1995 einen Hewlett-Packard Controller, der von sich sagt: „We are not accountants, we are analysts and business partners". Wenn ich mir nun das Instrumentarium des Controllers von 2006 vorstelle, so werden – glaube ich – die Analyse- und „Business partner"-Aspekte überwiegen und nicht mehr die operative Informationsversorgung. Ich sehe vier instrumentelle Themenkomplexe:

- Rechnungswesen,
- Planung und Berichtswesen,

- Informations- und Kommunikationstechnologie,
- Koordination.

Im Rechnungswesen werden sich drei Trends, die heute schon erkennbar sind, fortsetzen:

- Die Steuerungsgrösse „Unternehmenswert" wird im Vordergrund stehen.
- Nicht-monetäre Steuerungsgrössen werden eine zentrale Rolle-spielen (vgl. Abb. 5)
- Target Costing und Prozesskostenmanagement sind die Hauptinstrumente des internen Rechnungswesens (vgl. Abb. 6).

	Industrial Era: 1800-1950	**Dark Age of Relevance Lost: 1950s-1980s**	**Global Era: 1990s on**
To plan extent and financing of company	Accounting	Accounting	Accounting
Marketing and sourcing decisions	Nonaccounting	Accounting	Accounting (modified by ABC)
To control individuals and subunits	Nonaccounting	Accounting	Nonaccounting (customer and process)

Abb. 5.5: Quelle der Führungsinformationen (vgl. Johnson 1992, S. 19)

Costing/Pricing - Paradigm A
Turn of the Century Until the 1940s: The Era of the Industrial Revolution Plus

Direct materials	XX
Direct labor	XX
Manufacturing overhead	XX
Marketing and administrative	XX
Total cost per unit	XX
Desired Profit (markup)	XX
Target selling price per unit	XX

Costing/Pricing - Paradigm B
The 1940s Until the 1980s:
The Era of Cost-Volume-Profit Analysis and Direct Costing

Variable Costs	XX
Direct materials	XX
Direct labor	XX
Variable manufacturing overhead	XX
Variable marketing and administrative	XX
Total variable cost per unit	XX
Fixed costs	
Fixed manufacturing overhead	XX
Fixed marketing and administrative	XX
Total fixed cost per unit	XX
Grand total cost per unit	XX
Desired profit (markup)	XX
Target selling price per unit	XX

Costing/Pricing - Paradigm C
The Late 1980s and Early 1990s: The Era of Activity-Based Costing

Variable Costs	
Direct materials	XX
Direct labor	XX
Variable manufacturing overhead	
Variable with numbers of units	XX
Variable with product complexity (number of batches)	XX
Variable with product diversity (number of products)	XX
Variable Marketing and administrative	XX
Total variable cost per unit	XX
Fixed costs	
Fixed manufacturing overhead	XX
Fixed marketing and administrative	XX
Total fixed cost per unit	XX
Grand total cost per unit	XX
Desired profit (markup)	XX
Target selling price per unit	XX

Costing/Pricing Paradigm D
The 1990s and Beyond: The Era of Market-Driven Standard (Allowable) Costs

Selling price (given competitive setting)	XX
Less desired profit	XX
Allowable or target cost per unit	XX

Abb. 5.6. Target Costing und Prozesskostenmanagement sind die Hauptinstrumente des internen Rechnungswesens vgl. Ferrara 1995, S. 32)

Insbesondere ist auf die schwindende Rolle der Kostenrechnung in der operativen Steuerung deutlich hinzuweisen. Dies gilt auch für die Nutzung der Prozesskostenrechnung! Hierzu zwei Zitate aus berufenem Mund: Mein Kollege Gert Lassmann hat in seiner Abschiedsvorlesung an der Ruhr-Universität ausgeführt:

> „Aus einer sofortigen prozess-on-line angebotenen Dispositionshilfe und wirtschaftlichen Bewertung von Fehlleistungen und Betriebsstörungen werden Betriebsleitern, Meistern und Vorarbeitern wesentlich bessere Ansatzpunkte zur Korrektur der Bedienung und Überwachung der Anlagen, der Materialzufuhr nach Qualität, Menge und Zeit geboten als durch monatsbezogene Plan-Istkosten-Abweichungsanalysen.
>
> Ein derartiges aktuelles betriebswirtschaftliches Zahlenwerk vermag auch die vor Ort Verantwortlichen wesentlich stärker zu motivieren, ihr Handeln an den betriebswirtschaftlichen Vorgaben auszurichten. Allerdings sollten hier die Controllingfunktionen auch von dem verantwortlichen Personal vor Ort mit übernommen werden. Ich halte nichts davon, wenn in allen Führungs- und Leitungsebenen Controller als Stabspersonal neben die technischen und naturwissenschaftlichen Fachkräfte gestellt werden." (Lassmann 1995, S. 1053)

Kurt Lauk, bis 1996 Finanzchef von VEBA, hat in einer Umfrage zur zukünftigen Gestaltung von Kostenrechnungssystemen formuliert:

> „Gerade in wachsenden Unternehmen mit schnell ändernden Strukturen ist es allerdings aufwendig, eine herkömmliche, kostenstellenorientierte Kostenrechnung durch eine prozessorientierte Kostenrechnung zu ergänzen oder gar zu ersetzen, weil die laufende Abbildung der dynamischen Prozessstrukturen viel Pflegeaufwand bedeutet. Es reicht aus, in bestimmten

Bereichen und von Fall zu Fall, zum Beispiel im Rahmen eines Benchmarking, Prozesskostensätze zu ermitteln, sie unter Umständen auch über eine gewisse Zeit periodisch festzustellen und zu analysieren. Für die laufende Kontrolle der Abläufe können nicht-finanzielle Messwerte sowie für grössere Unternehmenseinheiten klassische und cash-orientierte Finanzkennzahlen herangezogen werden." (Lauk 1995, S. 628)

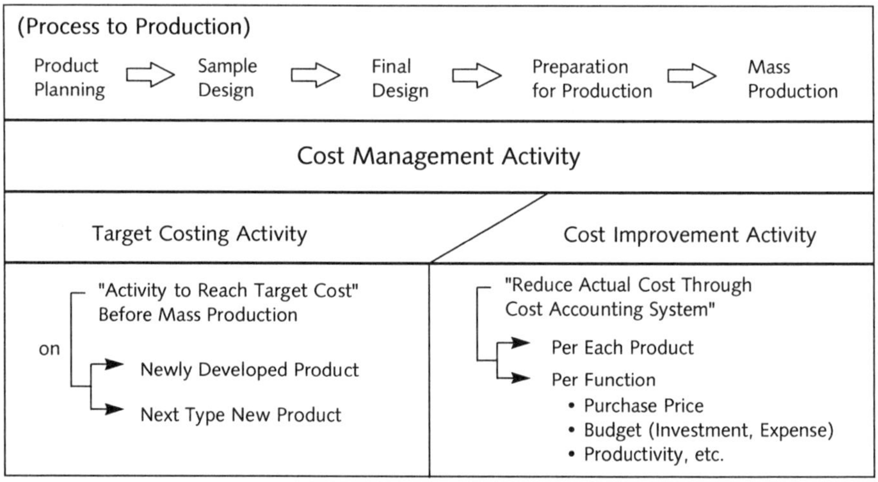

Abb. 5.7: Kostenmanagement bei Nippon-Denso

Der Schwerpunkt des Kostenmanagements wird in der Produktentstehungsphase liegen, wie dies bereits heute in japanischen Unternehmen der Fall ist (vgl. Abb. 7).

Das System des Rechnungswesens wird 2006 voll integriert sein. Robert Kaplan's Vision lautet:

„Vision: Year 2000 Management Reporting and Control Systems will be fully integrated, with a common set of information, entered once and accessible to all, supporting both internal and external reporting. The management systems will provide performance information for operational and strategic control, and accurate measurement of product and customer profitability." (Kaplan 1996, S. 1)

Systems Aspects	Stage 1 Systems Start-up Companies	Stage 2 Systems 1985	Stage 3 Systems Best Companies	Stage 4 Systems "Year 2000" Companies
Data Quality	❑ Many errors ❑ Large variances	❑ No surprises ❑ Meets audit standards	❑ Shared databases ❑ Stand-alone systems ❑ Informal linkages	❑ Fully linked databases and systems
External Financial Reporting	❑ Inadequate	❑ Tailored to financial reporting needs	❑ Stage 2 Systems maintained	❑ Financial reporting systems
Product/Customer Costs	❑ Inadequate	❑ Inaccurate ❑ Hidden costs and profits	❑ Several stand alone activity-based costing systems	❑ Integrated ABM systems
Operational and Strategic Control	❑ Inadequate	❑ Limited feedback	❑ Several stand alone performance measurement systems	❑ Operational & Strategic Performance measurement systems

Abb. 5.8: Das System des Rechnungswesens im Jahr 2006 (vgl. Kaplan 1996, S. 2)

Angesichts der weiter zunehmenden Turbulenzen wird das Planungssystem flexibel, schnell und dezentral sein. Die langwierigen Planungs- und Budgetierungsrituale werden verschwinden müssen. Es wird einen strategischen Rahmen geben; keine detaillierte Mittelfristplanung, dafür kontinuierliche, revolvierende kurzfristige Budgets (vgl. hierzu das Beispiel Drtina, Hoeger, Schaub 1996 und Abb. 9).

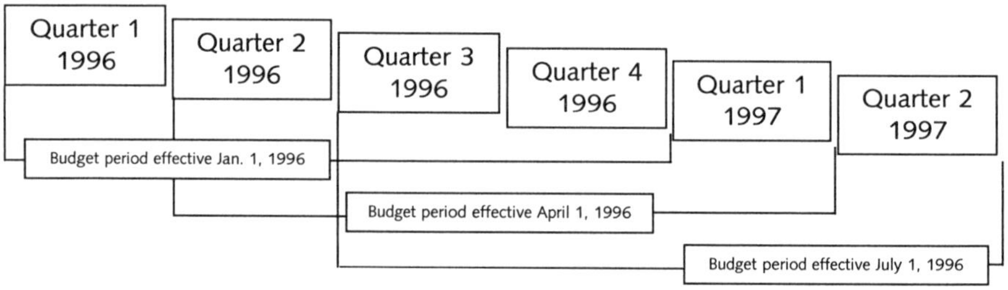

Abb. 5.9: Anpassung des Planungssystems an die zunehmenden Turbulenzen (vgl. Drtina, Hoeger, Schaub 1996, S. 22)

Die Klammer zwischen strategischer und operativer Planung wird generell durch die Balanced Scorecard hergestellt (vgl. Kaplan, Norton 1996). Die Balanced Scorecard wird auch das Rückgrat des Berichtswesens bilden. Ihre Mehrdimensionalität erlaubt die integrative Steuerung in allen erfolgsrelevanten Dimensionen (vgl. Abb. 10 und 11). Schnelligkeit wird wesentlich sein. Der Vice President of Finance von Johnson & Johnson antwortete auf die Frage nach seiner Vision der Planung: „Budgets in 30 days" (vgl. IFA 1995, S. 93). Gegenwärtig benötigt Johnson & Johnson noch ein halbes Jahr zur Erstellung der Jahresplanung.

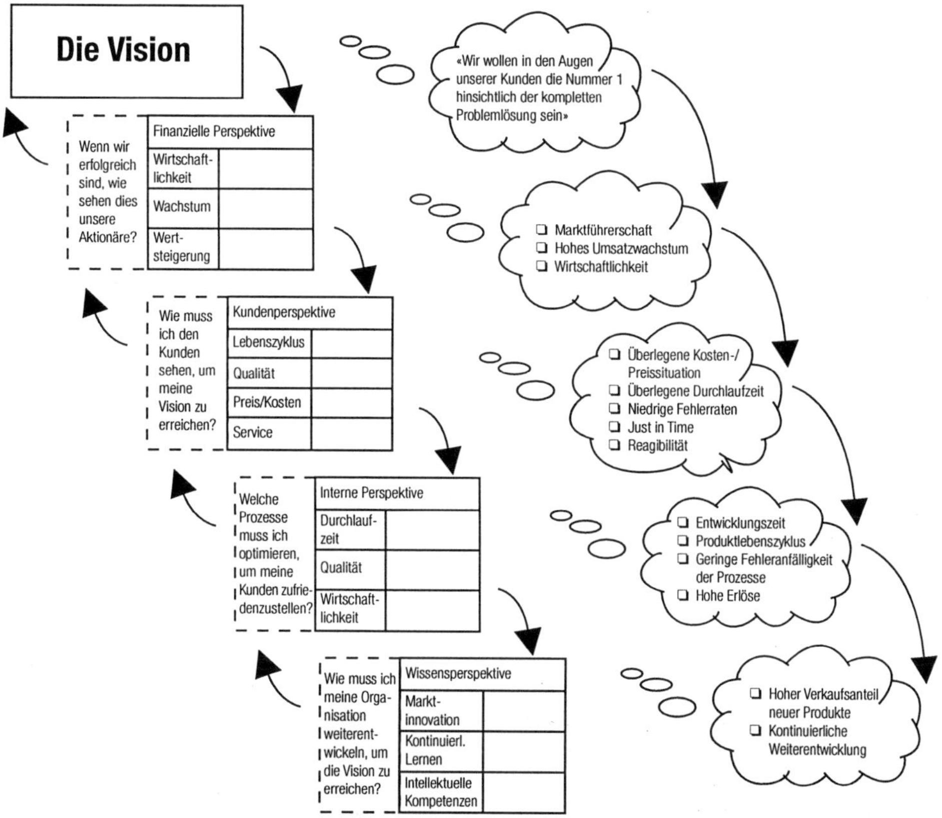

Abb. 5.10: Die Balanced Scorecard (nach Maisel 1992, S. 50)

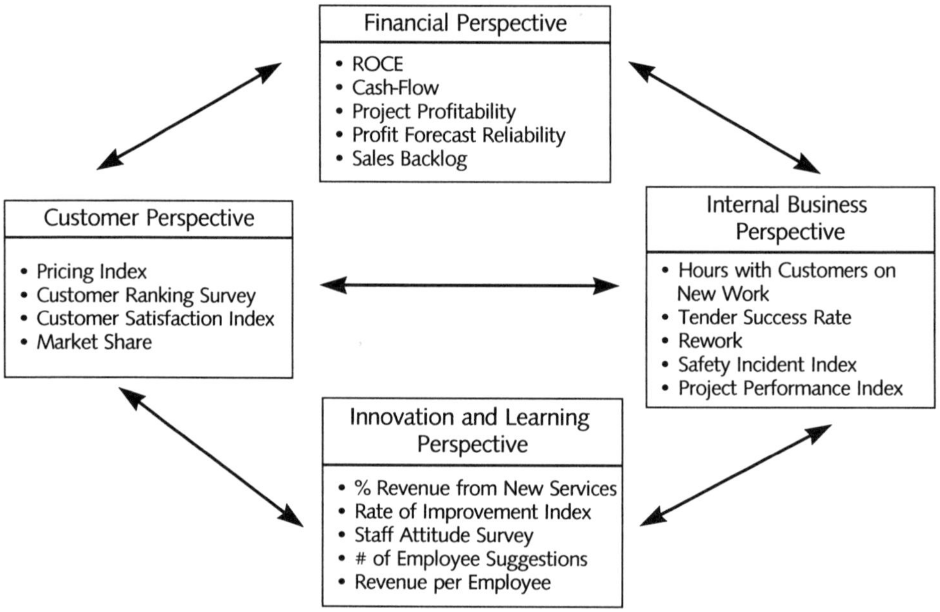

Abb. 5.11: Der Balanced Scorecard Approach (vgl. Kaplan, Norton 1993, S. 136)

Die Informationstechnologie nimmt dem Controller die operative Tagesarbeit im Wesentlichen ab. Sie wird helfen, die Kommunikation im globalen Unternehmen sicherzustellen und schafft neue Formen der Zusammenarbeit. Die Widersprüche zwischen lokal und global, zentral und dezentral werden aufgelöst. Ich sehe drei innovative Werkzeuge, die Instrumente des Controllers werden:

- Data Warehousing und Data Mining: Entscheidungsrelevante Daten aus unterschiedlichsten Quellen zur Verfügung zu stellen.
- Controlling-Leitstand: die Integration von Data Warehouse und Data Mining-Konzepten am Arbeitsplatz.
- Computer Supported Cooperative Work als Instrument der Teamarbeit zur gemeinsamen Zielbestimmung, Abweichungsanalyse und Massnahmendiskussion.

Trotz der Informationstechnologie wird die Arbeit des Controllers viel stärker als heute durch „weiche" Koordinationsformen anstatt der „technokratischen" Koordination dominieren. Gerade in Zeiten des rapiden, turbulenten Wandels wird die Unternehmenskultur als höchste Form der Koordination die Zusammenarbeit bestimmen müssen. Dies heisst für den Controller: Er wird 2006 als „Change Agent" mehr durch „Kundenbesuche" und Gespräche als durch standardisierte Richtlinien koordinieren.

4. „Can old accounting dogs learn new tricks?" (McNair 1995)

Angesichts der notwendigen Weiterentwicklungen im Instrumentarium des Controllers kann zu Recht die besorgte Frage (s. oben) nach der mentalen Bewältigbarkeit dieser Herausforderung gestellt werden. Ich meine, dass das bewusste Annehmen der Aufgabe schon einen Grossteil der Bewältigung sichert. Ich bin deshalb zuversichtlich, weil ich immer wieder feststelle, dass in der Controller-Community die Notwendigkeiten erkannt werden. Einen guten Beitrag hierfür liefert die grosse Untersuchung des Institute of Management Accountants (IMA) (vgl. Siegel, Kulesza 1996). Die „IMA-Practice Analysis" zeigt, dass die Controller in den USA – und ich hoffe, dies wird in Europa nicht anders sein – die zukünftigen Aufgaben erkannt haben (vgl. Abb. 12).

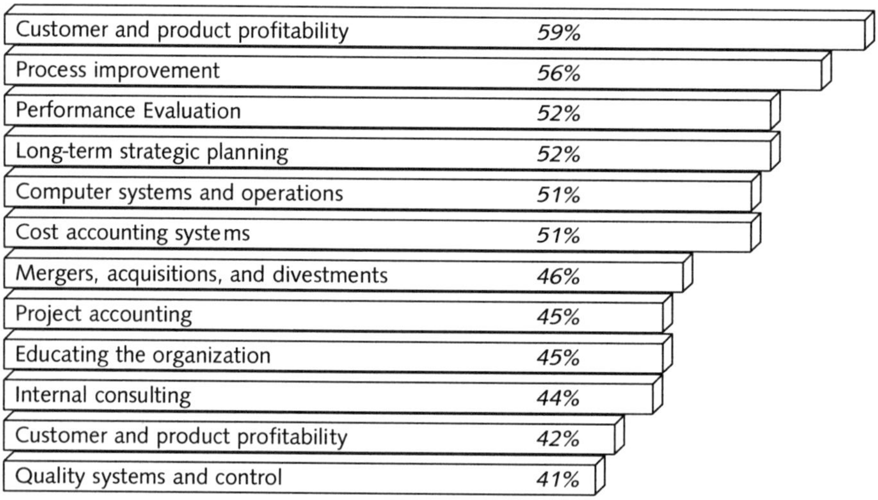

Abb. 5.12: Work Activities That Will Increase in Importance (vgl. Siegel, Kulesza 1996, S. 26)

Es ist erforderlich, dass die Aufgaben, die sich aus den erkannten Entwicklungen ergeben, aktiv angepackt werden. Ich empfehle jeder Organisation eine systematische, planvolle Restrukturierung des Controlling. Das Dreistufenprogramm (Horváth 1995) kann hierzu als Checkliste dienen. Besonderes Augenmerk sollte hierbei auf die Personalentwicklungsaufgaben gelegt werden.

Welches Fazit können wir ziehen? Ich meine ein positives! Die Aufgaben des Controllers werden herausfordernder und anspruchsvoller. Es stehen spannende Jahre vor uns. Nutzen wir die sich abzeichnenden Chancen!

5. Literatur

Cooper, R., Look Out Management Accountants, in: Management Accounting, Vol. 77, 1996a, 11, S. 20–26

Cooper, R., Look Out Management Accountants, in: Management Accounting, Vol. 77, 1996b, 12, S. 35–41

Deyhle, A., Entwicklungsperspektiven des Controlling, in: Risak, J., Deyhle, A. (Hrsg.), Controlling-State of the Art und Entwicklungstendenzen, 2. Aufl., Wiesbaden 1992, S. 359–385

Drtina, R., Hoeger, S., Schaub, J., Continuous Budgeting at the HON Company, in: Management Accounting, Vol. 77, 1996, 7, S. 20–24

Ferrara, W. L., The 21st Century Paradigm, in: Management Accounting, Vol. 77, 1995, 6, S. 30–36

Horváth, P., Dreistufenprogramm zum Lean Controlling, in: Reengineering - Konzepte und Umsetzung innovativer Strategien und Strukturen, Kongress-Dokumentation 48. Deutscher Betriebswirtschafter-Tag 1994, Stuttgart 1995, S. 191–202

International Federation of Accountants (Ed.), A View of Tomorrow - The Senior Financial Officer in the Year 2005, New York 1995

Johnson, H. T., Relevance Regained, New York 1992

Kaplan, R. S., Norton, D. P., Putting the Balanced Scorecard to Work, in: Harvard Business Review, Vol. 71, 1993, 5, S. 134–142

Kaplan, R. S., Norton, D. P., Using the Balanced Scorecard as a Strategic Management System, in: Harvard Business Review, Vol. 74, 1996, 1, S. 75–85

Kaplan, R. S., Vortragsunterlagen: Year 2000 Management Reporting & Control Systems, Stuttgart 1996

Keegan, D. P., Portik, S. W., Accounting Will Survive the Coming Century, Won't it?, in: Management Accounting, Vol. 77, 1995, 6, S. 24–29.

Lassmann, G., Stand und Weiterentwicklung des Internen Rechnungswesens, in: Zeitschrift für betriebswirtschaftliche Forschung, 47, 1995, 11, S. 1044–1063

Lauk, K., Aktuelle Überlegungen zur Gestaltung von Kostenrechnungssystemen, in: Betriebswirtschaftliche Forschung und Praxis, 47, 1995, 6, S. 626–648

Lebas, M., Management Accountants: The Challenges of the Next Decade, in: International Federation of Accountants (Ed.), A View of Tomorrow – Management Accountancy in the Year 2004, New York 1994, S. 35–53

Maisel, L. S., Performance Measurement: The Balanced Scorecard Approach, in: Journal of Cost Management, Vol. 6, 1992, 2, S. 47–52

Mann, R., Visionäres Controlling, in: Risak, J., Deyhle, A. (Hrsg.), Controlling – State of the Art und Entwicklungstendenzen, 2. Aufl., Wiesbaden 1992, S. 387–400

McNair, C. J., To Serve the Customer Within, in: Journal of Cost Management, Vol. 9, 1995, 4, S. 40–43

Picot, A., Reichwald, R., Wigand, R. T., Die grenzenlose Unternehmung, Wiesbaden 1996

Siegel, G., Kulesza, C. S., The Practice Analysis of Management Accounting, in: Management Accounting, Vol. 77, 1996, 10, S. 20–28

The Economist Intelligence Unit (Ed.), New directions in finance – Strategic outsourcing, New York 1995

Stichwortverzeichnis